www.ingramcontent.com/pod-product-compliance
Lightning Source LLC
Chambersburg PA
CBHW060800110426
42739CB00032BA/2183

金雲翹新傳

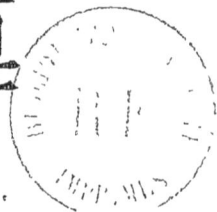

詩云

佳人不是到錢塘　半世煙花債未償

玉面豈應埋水國　氷心自可對金郎

斷腸夢裡根緣了　薄命琴絃怨恨長

一片才情千古累　新聲到底爲誰傷

　　　　　　　　　萃堂范先生撰

3

雲　梅　頭　沒　固　浪　稿　邏　峽　磊
祜　骨　瑟　賕　茹　薢　薈　之　戈　薢
莊　格　仁　琨　員　嘉　客　彼　沒　軜
重　雯　婀　次　外　靖　攃　醬　局　埈
恪　精　素　悴　戶　朝　孂　斯　波　狱
瀉　神　娥　悲　王　明　畑　豐　攬　些

姿　沒　翠　王　家　罘　風　歪　仍　窣
半　狱　翔　觀　資　方　情　撑　調　才
峕　沒　羅　羅　擬　潓　固　涓　韄　窣
憚　颭　姊　窣　拱　潮　錄　貝　覍　色
湟　逆　婹　綏　常　仁　群　胉　廼　窖
狱　分　羅　洶　常　京　傳　紅　疖　羅
妾　院　翠　儒　堳　凭　史　打　疸　結
囊　逆　雲　家　中　鑌　撑　慳　悲　饒

35　　　　　　25

旹　淹　風　曲　宮　聰　沒　鰤　翶　花
春　裣　流　茹　商　明　台　祐　秋　唄
昆　帳　窀　稇　漏　本　迎　色　水　玉
燕　撼　墨　壚　埴　產　諾　疽　稍　說
逡　幔　紅　甄　瓴　自　迎　春　漫　端
挨　雯　裙　腔　音　歪　城　山　溓　莊

40　　　　　　30

韶　墻　春　沒　藝　援　色　花　擄　遷
光　東　撐　篇　賴　藝　停　慳　皮　誇
九　蜂　執　薄　唉　詩　隊　輸　才　諾
邂　蛟　齒　命　坦　畫　沒　櫨　色　邊
迤　趍　連　吏　胡　龔　才　柳　吏　墾
外　衛　旬　強　琴　味　停　恨　羅　讓
赴　默　及　惱　文　歛　和　歛　分　年
迸　埃　笄　人　張　吟　台　撐　欣　勝

55　45

浪　茌　兜　跳　斜　衮　習　斯　清　靽
髀　茌　兜　寅　斜　昂　耀　睐　明　嶽
融　埝　汩　曉　媵　坵　才　啼　靹　撐
節　坦　諾　阮　我　棟　子　噁　節　羞
清　邊　掜　小　衛　橋　佳　燕　時　頭
明　塘　舥　溪　西　蓮　人　嬰　巴　歪

60　50

麻　油　樸　客　姊　校　馬　姊　禮　梗
低　油　橋　祐　媕　鎮　車　媕　羅　梨
香　阮　魷　風　他　鉓　如　懺　掃　皇
煨　靹　魷　景　短　捌　諾　所　墓　點
永　姅　膾　固　攔　煩　襖　步　噲　沒
醒　鎮　碐　皮　牺　殘　裙　行　羅　菲
勢　姅　跳　清　翻　紙　如　遄　踏　嵐
麻　撐　昂　清　衛　懇　珎　春　清　花

75　　　　　　65

疏 懺 匕 哭 髭 船 固 刼 洴 扒
包 生 鎘 嘆 空 情 歇 紅 名 觀
兔 鎘 緣 坤 冷 皮 客 顏 才 買
洛 紙 罱 挈 乢 瞎 於 固 色 引
鵡 車 庄 事 如 旦 遠 蒙 沒 斯
斜 珠 他 情 詞 尼 方 萠 時 睬

80　　　　　　70

瓜 塸 時 窖 晒 時 睬 姅 叫 淡
臺 濃 之 無 車 包 瞫 澄 嗝 仙
無 沒 齗 緣 馭 簪 拱 春 外 娘
主 捻 的 閉 包 技 噎 脫 鬮 瓜
埃 黙 噲 羅 濚 瓻 嗜 技 劍 初
麻 油 羅 命 瀘 淶 娘 梗 之 羅
咏 黏 緣 貝 痲 包 尋 天 燕 歇
喋 花 黏 些 撐 睬 制 香 鸚 兒

95　　　　　　85

�...

沒　唓　嚕　㐌　帀　犕　貟　疘　悉
籫　籡　哇　羅　空　晿　濫　旁　疽　覺
產　跕　懇　返　几　鳳　媌　之　台　產
攢　愛　唯　擧　兌　乍　泣　貝　分　庯
層　膪　䖰　峀　歖　鸞　㰟　化　彈　傷
頭　斜　虆　塘　懷　終　些　工　婆　心

100　　　　　　90

拍　遽　立　和　產　帀　害　晿　哇　說
膀　罿　䒫　羅　低　㰟　台　撐　浪　瞘
核　罿　罷　歖　些　惜　䰱　痟　伯　翹
咏　哏　睛　帶　劍　綠　黿　痗　命　說
罘　沒　署　濫　沒　貪　羅　馬　拱　潭
勾　罷　墓　鑛　菲　紅　魔　紅　羅　潭
㠯　莞　跳　別　礦　羅　空　配　哇　珠
韻　莘　羅　朱　香　埃　軼　坡　終　沙

浂 昜 翹 於 觀 浂 浪 雲 吏 吏
噎 咍 浪 低 浪 念 紅 浪 強 強
吶 情 仍 陰 姊 想 顏 姊 鴇 迷
渚 吏 等 氣 吶 典 自 拱 渼 懈
及 及 才 礦 咍 麻 課 噎 湟 心
疎 情 花 泥 牢 劢 初 噠 花 神

丿 徐 巍 腃 沒 覽 丏 拱 愁 吏
兜 祐 羅 朝 調 歇 調 餘 滌 強
陳 乙 体 皀 羅 戯 薄 浩 坦 嵺
遣 覽 魄 我 沒 帝 命 眜 綏 朗
捲 顯 群 埃 運 別 固 哭 珠 秦
旗 靈 羅 衛 匎 蓫 除 歇 沙 銀
典 悲 精 群 苦 卅 埃 袠 嬅 撽
𡥤 暰 英 暰 瞁 帀 兜 初 騏 羅

135　　　　　　　　125

140　　　　　　　　130

135　　　　145

枚 湝 刔 終 歪 堨 原 扨 佳 裛
台 嬾 瞋 舡 資 富 猒 王 人 賒
解 隔 養 刔 才 厚 舡 拑 吝 買
逅 佘 噁 坦 貌 塩 橘 椬 跳 燨
柏 儱 鄉 湝 捽 才 覓 羅 跤 椬
逢 繞 隣 妸 搗 名 賒 嘲 撐 猒

160　　　　150

返 仍 沒 貝 刨 文 戶 台 沒 客
旬 羅 堨 王 甋 章 金 翹 蓬 陀
姤 濫 銅 觀 風 湟 格 咬 如 甋
蘿 哂 雀 畧 雅 坦 重 椬 覓 馭
妥 謔 鎖 刔 羅 聰 本 納 核 細
悉 妖 春 羅 外 明 妸 刨 瓊 尼
尋 祝 台 同 豪 性 簪 帶 梗 叙
花 裳 翹 親 花 歪 纓 花 瑤 情

猷 宄 海 蚵 翹 帶 胯 執 猷 臌
麻 宄 棠 我 自 橋 斜 屢 國 紅
典 朗 地 永 跂 帶 如 干 色 落
世 瞭 宛 永 蹓 諾 逐 省 几 篔
時 胯 東 苔 帳 韃 干 干 天 嫠
催 花 鄰 窓 花 漂 盆 迷 才 賒

菣 屯 淶 鐄 楠 邊 客 膑 情 春
繁 塘 霜 招 歪 橋 陀 緲 齫 香
花 斯 撩 痕 吝 絲 蓮 掫 如 秋
拱 貝 礦 諾 屶 桺 馭 便 包 菊
羅 夒 梗 核 鉦 胯 猷 撼 楠 漫
菣 賒 春 臁 陀 朝 群 衛 猷 麻
補 排 羅 胯 收 他 睹 參 群 奇
趄 排 陀 壚 空 鸍 蹺 坤 咴 台

195　　　　　　185

唧	氽	寒	疎	嘲	霜	率	征	讓	獃
呈	悉	家	浪	悯	卯	凳	征	昂	凳
會	下	於	聲	寰	稇	覽	脾	磊	返
主	顧	厦	氣	嗨	雪	没	月	鏾	擽
祜	典	西	初	嗤	坡	小	熾	邊	濫
詳	饒	阡	肟	羅	身	嬌	萌	恶	之

200　　　　　　190

麻	氽	帯	買	源	連	固	抒	鏚	磊
祜	哇	洀	共	桃	鏆	朝	鸞	勾	薢
甐	下	洝	饒	落	朗	風	邊	絕	別
數	賜	沚	昳	搖	蕩	韻	羡	妙	固
斷	捻	邊	班	凳	如	固	没	寓	緣
腸	珠	連	晪	麻	斯	朝	命	甐	之
固	招	固	也	典	如	清	燒	性	咍
銘	鏆	橋	悄	低	賒	新	燒	情	空

215　　　　　　205

花 沒 齧 遙 塘 查 玷 翹 尼 歐
潘 命 蹺 覺 花 挑 書 唧 迸 停
齡 量 帚 鄭 客 邑 惑 領 排 果
汰 盧 覺 幅 包 集 咮 意 買 移
巳 更 覺 萌 跋 斷 嗜 題 買 因
仃 迎 帚 萌 鞋 膓 惚 排 羅 緣

220　　　　　　210

別 塘 查 醒 娘 時 價 栖 勾 共
覺 賒 乘 羅 群 撩 仃 儷 神 得
命 擬 兼 買 於 帶 繡 沒 吏 沒
別 浚 唉 別 吏 一 口 脉 擾 會
分 黏 羅 浪 沒 之 錦 甃 筆 沒
命 尼 包 命 仁 讓 心 迸 花 船
世 麻 覺 占 叙 朱 恪 曲 軀 覺
催 驚 低 包 情 埃 常 吟 擒 賒

235　　　　　　　　225

外 呬 吠 擄 斷 眴 崍 擄 啀 浍
窓 唾 浪 靹 膓 時 浪 之 嬌 頹
兔 勸 夢 夢 羅 制 屮 陳 嚘 笠
矢 解 兆 兆 數 瑪 分 濁 吧 笠
鶯 濕 擄 麘 世 淡 癡 更 帳 湁
鐄 高 髡 推 帀 儸 崍 屌 鸞 潘

240　　　　　　　　230

預 渚 俸 分 排 肌 養 牟 茄 擬
墻 衝 空 琨 羅 㧒 生 花 萱 隊
嵐 調 謨 催 世 丿 堆 梨 秩 干
柳 擬 惱 固 仈 嚮 灰 唉 醒 吏
跳 佢 職 羅 詠 應 邊 淫 嗨 淶
迎 溢 愁 之 臽 連 絲 湜 干 沫
昂 脉 擬 枚 世 占 渚 淶 攄 隊
萌 霜 帀 斄 箕 包 塡 湄 之 干

Handwritten character practice page.

15

255　　　　　　245

氷　峇　萌　艤　旬　遷　　愁　扐　軒
傾　庄　湘　文　胺　秦　　冬　金　斜
快　緣　拂　唏　缺　鎖　　強　自　攔
景　女　拂　這　砒　謹　　刻　吏　腓
快　巴　遏　如　油　窓　　強　書　征
欨　生　彈　銅　耗　縱　　苦　窓　征

260　　　　　　250

快　濫　香　竹　緬　塭　巴　浹　妬　浚
尼　之　技　痴　慊　紅　秋　娘　埃　頪
喬　挠　味　�　想　料　論　更　撽　頪
遇　腿　快　兔　緬　箟　吏　更　緒　鄭
倍　傾　茶　絲　悪　趍　浹　邊　絲　舅
移　城　漸　洇　嗷　衛　曙　悪　萌　頪
顫　撩　哐　杉　嗉　占　毀　更　朱　沒
扔　的　情　鸞　悪　包　犕　齬　衝　命

275　　　　265

固 祕 羅 秦 仦 羅 審 藝 邌 沒
核 調 茹 銀 杏 辣 嚴 頹 朝 汩
固 遊 吳 跨 闌 絲 謹 快 如 乾
礎 學 越 椊 揀 柳 槙 凹 遂 木
產 嗨 商 晘 扞 嵐 高 想 干 撑
床 稅 家 數 嚴 萌 墻 翹 愁 漢

280　　　　270

固 襐 艬 蹈 汜 猑 汖 侵 葦 渃
軒 彈 空 舨 墻 篤 汩 侵 葦 吟
攢 枚 抵 秣 花 學 蘿 提 囂 轎
翠 冊 妁 覚 用 吶 櫨 臭 乙 汤
湟 提 歌 價 別 連 撚 藍 如 覚
鏡 攜 賒 麴 歌 梗 塘 橋 牟 之
渚 道 渚 固 於 嘆 鮎 杏 改 女
派 遯 衛 茹 兜 啾 撑 郎 撩 兜

295　　　　　　285

連 嫋 抳 文 撼 隔 忍 掣 窻 惘
栖 歐 栖 跷 琴 墙 自 睪 糊 恍
瞭 馱 損 墙 捉 沛 舘 銅 娬 準
瞔 氏 祕 錦 襖 眄 客 鑽 怯 氏
吶 寶 衛 蹓 倍 淹 鄰 原 翹 崞
艦 尼 茹 航 羅 歪 羅 封 遷 排

300　　　　　　290

唉 庄 尼 連 香 帶 旬 絕 墙 匹
群 緣 黽 桃 群 桃 胲 霙 東 生
倘 渚 閨 瞭 吃 羡 潘 市 瞔 歐
倘 易 閣 賃 吃 固 脫 覽 眛 罕
香 刨 撹 沒 馱 脺 舲 脺 時 緣
沉 栖 靡 梗 陀 馱 陀 紅 暒 歪
渚 埃 典 金 永 切 噡 市 恒 之
派 擒 低 釵 醒 他 缶 羅 鞶 低

315　　　　　　305

援 倍 閉 特 生 隻 嗒 釵 生 散
邏 皀 敕 劇 浪 釵 翶 攬 陀 霜
躓 添 買 伽 鄰 帀 瞋 扒 固 皀
跐 祕 特 屮 里 貼 律 特 意 覽
阮 貼 沒 唏 羅 仐 邊 虛 待 脒
墻 茹 時 淶 皀 迕 箕 空 徐 歇

320　　　　　　310

沛 釗 仃 計 斯 靡 恩 別 隔 舫
歇 鑕 顀 陀 低 悲 悲 攬 墻 墻
歆 台 洴 少 帀 重 君 合 蓮 羅
怒 隻 屮 惱 沛 義 子 補 嗒 意
燴 巾 念 悲 歇 輕 詑 麻 餘 尋
煉 纆 西 歇 帀 財 之 蒙 迖 攉
掫 沒 噲 閉 餘 掣 貼 珠 厭 謹
而 颭 羅 尪 吹 包 淶 衛 悲 魚

335 325

油 生 礠 油 謹 便 觧 昌 浪 喘
扼 浪 悉 欺 魚 低 輪 枚 自 嘄
察 劇 怵 蘿 娘 嗔 如 併 偶 奘
悐 邋 柳 櫹 買 沒 啵 氐 尔 意
情 枚 爲 紙 辣 台 宮 揔 迟 淡
痴 湄 花 紅 浪 調 還 痾 饒 提

340 380

舌 時 祕 誡 腿 臺 陳 客 晎 几
低 春 混 庄 茹 麹 陳 驢 氈 愁
麝 氐 色 時 氷 爛 沒 埃 濫 燴
固 易 別 拱 雩 典 分 別 快 桶
益 情 攪 在 質 晒 把 吏 閈 猒
之 期 麝 悉 恒 嬴 核 群 数 啖
典 余 敢 媄 菲 朱 色 歚 色 檜
埃 欺 辣 叱 荮 庄 料 戺 瘄 頭

355　　　　345

360　　　　350

21

375　　　　　　　365

隔 時 茹 熷 時 客 没 滝 自 倍
花 珍 香 烀 皮 客 墻 洋 番 傍
仕 式 清 懺 生 晴 雩 没 磋 羅
啜 式 水 襖 日 遍 渚 帶 別 洇
啃 産 没 所 外 晒 霜 農 歳 花
鑛 排 命 襠 家 朕 雯 涤 鑛 淶

380　　　　　　　370

帶 蹭 鶸 卞 連 㙴 信 邊 情 払
花 蓮 機 垯 台 紅 春 龗 強 衛
卮 率 會 汶 堂 甚 凳 頭 滲 書
賁 率 遇 禮 帶 錄 昜 怒 識 院
固 蹴 卮 賒 女 卮 拹 邊 恶 娘
払 証 停 恍 羅 澄 衛 徐 強 移
蹲 厓 固 嬰 台 春 朱 鑺 謹 楼
籠 墻 尼 誠 唵 戈 能 箕 魚 粧

395　　　　　　　385

風 蓮 鵐 緬 趂 吝 永 娘 仍 責
霜 案 欶 眤 昂 蹺 茹 浪 羅 悉
特 筆 衛 緬 覠 崗 特 遍 塔 响
魃 架 準 強 緬 假 眼 扒 汝 順
天 詩 書 添 洞 扻 歠 涓 揤 閉
然 同 軒 鮮 桃 妄 佹 擒 愁 悉

400　　　　　　　390

揆 深 吟 邊 枝 鐀 祕 佉 雪 焐
唎 靑 哑 哑 還 墻 悉 甘 霜 香
瀘 沒 風 萬 籠 羕 噲 樊 染 祝
筆 幅 月 福 燴 固 屮 貝 姅 底
強 幀 礦 邊 堀 晨 羅 知 價 冷
眤 松 願 哑 邰 通 低 音 頭 湃
強 撩 嫩 寒 天 買 謝 閉 花 閉
鮮 蓮 滝 喧 台 操 悉 迎 森 歇

23

415　　　　　405

生 籠 英 汝 擬 娘 劫 嘗 栖 生
浪 馭 花 自 命 浪 修 才 仙 浪
邂 吏 發 觲 分 盜 初 餵 遍 扑
逅 瞇 越 唉 蒙 照 查 玉 匝 畫
羅 皀 羅 煉 翹 容 渚 噴 湄 皮
緣 些 外 癡 蜓 光 麘 珠 沙 未

420　　　　　410

初 沒 斬 固 困 掫 搢 娘 壙 品
陷 罇 秋 馭 撐 嶙 币 班 連 題
人 沒 薄 相 別 玉 樹 妸 停 嗔
定 蒙 命 士 固 佩 特 謝 筆 沒
勝 別 沒 斷 嵐 時 價 拱 討 菲
天 羅 葵 詆 輪 坊 尨 甍 魮 哇
拱 固 才 沒 麻 金 朱 世 罙 漆
毿 年 花 哇 哈 門 昂 尨 勾 花

435　　　　　　425

氷 啫 生 日 闌 典 永 時 甕 杳
傾 蓮 皮 竦 外 茹 茹 盃 調 甍
頂 仕 游 麴 倍 皮 極 辭 裏 解
炭 動 案 擔 撿 儔 使 極 曲 結
嶽 戝 燒 頭 簾 信 弉 葶 艖 典
神 槐 燒 梗 絶 茹 佳 舉 懃 調

440　　　　　　430

群 脺 擤 阮 駿 台 啫 籬 悉 時
疑 腠 朝 畑 駿 親 払 羅 春 悅
戝 色 如 韀 永 群 娘 鶏 派 鑛
夢 瀷 醒 律 毊 擤 買 色 派 磴
眤 花 擤 帳 園 席 急 吟 嚱 廥
春 梨 朝 螢 勵 花 移 麴 春 料
慊 吏 如 吃 没 渚 蒽 嫩 藏 貝
怊 斯 迷 囂 命 衛 紗 兌 藏 身

娘 踮 生 嘁 邊 暈 箋 倍 悲 娘
浪 霜 浪 霞 絲 腠 誓 惘 晄 浪
紅 渚 邊 鵬 根 域 拱 滥 燼 曠
葉 礦 沫 哩 案 域 討 禮 緬 眇
赤 橋 腠 瓊 掣 艸 汶 達 堆 脉
繩 藍 靖 漿 悉 歪 章 卧 些 長

沒 悻 閑 繃 磊 仃 邊 臺 別 爲
唾 吝 數 羅 薜 儜 還 蓮 攬 花
拱 巾 尷 香 鑿 台 沒 浚 朱 朱
他 過 沒 論 沒 緬 網 纔 女 沛
啃 羅 屼 屏 籽 沒 刀 蔥 極 杜
浪 讒 悉 頬 同 唾 鑽 桃 羅 塘
相 炘 渚 脺 藏 雙 爻 添 占 尋
知 庄 甘 籠 昌 雙 堆 香 包 花

475　　　　　　485

過 誓 曲 曲 攎 娘 軒 崍 浪 停
關 康 挽 挽 寅 浪 斣 浪 瞋 調
厄 厄 司 楚 練 藝 撩 賤 浚 月
曲 曲 馬 漢 武 閞 産 技 嗜 奴
昭 廣 鳳 戰 練 槌 琴 詫 琴 花
君 唛 求 塲 文 牁 腠 之 臺 箕

480　　　　　　470

娉 汲 瞋 瞋 罘 濫 倍 皂 諾 外
分 浪 羅 羅 練 之 傍 恧 嫩 羅
戀 流 如 嗜 蘇 朱 生 吠 隴 埃
主 水 怨 鉄 馳 礦 皂 典 仍 吏
娉 台 如 嗜 蹺 恧 牁 吠 嘺 惜
分 浪 愁 鑛 韻 歃 攡 時 聰 之
思 行 沛 扦 宮 凛 昂 沛 鐘 貝
家 雲 庄 饒 商 咄 眉 哪 期 埃

495　　　　　485

500　　　　　490

漆　花　唾　浪　攄　浪　欺　屼　唶　融
清　香　鎮　洎　之　哈　拆　畑　寬　如
祐　強　呷　秩　仍　時　踏　欺　如　唶
包　爀　領　湟　曲　宧　欺　爀　遘　鷳
漂　式　意　趍　萹　羅　僧　欺　倘　戀
漂　紅　高　未　騹　哈　頭　瞞　外　戈

祐　頭　和　粃　捽　瞋　欺　遣　唶　濁
融　眉　寅　悐　惡　羅　紌　欪　牟　如
歐　鑰　寅　催　命　吟　尬　羘　立　唶
厭　稫　扒　拱　拱　登　曲　帝　立　濫
固　強　屮　性　兌　唱　欺　拱　如　買
朝　濃　帀　丕　兌　咳　珠　魚　丕　沙
沼　㤴　特　別　惡　世　堆　謹　覿　姘
淶　腰　空　㸶　欪　帀　眉　愁　湄　灟

515　　　　　　　505

招 厝 蚰 遷 錦 沛 羅 包 尾 涑
撥 西 欺 湄 緣 調 從 朱 之 浪
罟 底 排 打 奇 唉 達 盌 沒 停
庄 冷 翅 觀 遇 咥 濮 堛 孕 袐
窣 香 連 磢 初 於 蚰 布 夭 溫
床 願 梗 鑛 脸 時 柚 荆 桃 制

520　　　　　　　510

底 朱 麝 過 侶 節 時 道 園 吧
黐 緣 悉 朝 堆 焱 猑 從 紅 朱
鋮 潭 袐 鋮 埃 觧 猒 夫 之 涑
憍 檔 鞛 包 吏 女 氏 袐 敢 歇
共 羅 包 哦 讓 補 埃 窣 垠 沒
払 緣 呈 哩 齊 𣎴 求 貞 巢 哂
黜 狻 沒 燕 崔 沃 濫 濫 鮎 包
埃 傍 邊 鷄 張 時 之 頭 撐 兊

525　　　　　　　525

事蹭嗜遼恍靾娘䏸覓倍
凳頭信陽信外時艝哑之
渚每掣隔叔皮倍皮端柳
及浚浚阻爻吭阻辣正押
堆丁驚山辭杆艭猴易膻
囲寧惶溪堂花桃銀膻柰

540　　　　　　　530

緣浚氷椿巴家生信払群
凳茹命堂爲童時凳強身
渚喪輦急旅飢䠀囤漆群
及邐魌噲殯吹跳典怵爻
没浚臺生他書墶靾漆填
哑命粧衛鄉茹垠爲培
捽賒敘訵提買倍噲迚固
絲吹情喪携郎羅飢分欺

555   545

用 群 㐌 管 挷 翁 聰 纏 外 胲
孕 嶽 願 包 饒 絲 瞳 鑽 辥 誓
渚 群 堆 腷 屵 恬 朏 嫈 欵 群
羌 㳟 嫈 待 㐌 補 繈 王 祝 姤
移 群 同 觧 礥 之 排 朱 𠳭 猪
栖 㲋 心 徐 哑 饒 排 哈 冬 猪

560   550

量 群 羸 議 西 渚 忍 朱 縖 敢
東 衛 觧 猷 台 愐 疑 停 愁 賒
韓 群 誓 唉 厗 森 娘 悲 欺 吹
㐌 快 庄 遙 遷 合 買 几 擇 緬
箪 典 揹 䴔 敢 㐌 烌 䠱 渚 麻
𡱗 猷 琴 湄 移 愁 哑 遷 衝 徠
檴 猷 船 怵 悲 支 魁 軆 群 撻
茹 矜 埃 悗 絲 配 黏 歪 迎 悲

575　　　　　　　565

搞	猷	寒	秦	轅	娘	惱	忿	撲	碍
揌	掖	暄	艮	澄	時	猷	閱	鞍	銀
文	楚	渚	瞌	塊	蹲	扯	風	掛	沒
老	几	及	蹭	它	癒	遶	景	捷	跳
爻	牰	瀉	楼	窓	軒	淫	圭	倍	沒
覛	刀	提	粧	練	西	湄	猷	傍	賒

580　　　　　　　520

沒	頭	差	汶	花	尬	沒	嗜	楳	沒
綀	僂	徛	闌	潘	面	時	核	愁	唼
無	楅	俸	惆	職	問	礩	鶊	仕	珍
賴	馱	篑	壽	橋	日	梗	日	姅	重
纀	呦	罘	外	柳	如	相	䏶	跳	珠
釪	呦	皮	鄉	賒	園	思	歪	塘	沙
深	如	唥	買	売	楳	沒	鴈	紛	佘
情	潘	嚱	衛	鑲	絲	猷	楝	釪	行

595　　　　　585

鞠 浸 麵 樑 下 沒 晦 調 圖 昔
朱 臥 籠 高 辭 茄 囉 甍 細 茄
骨 羅 坊 拝 嗊 恍 斵 憩 軟 縈
肉 退 疸 虐 咩 惚 買 纔 貼 嘈
院 差 用 績 卒 謹 別 埃 槇 蛛
全 術 移 寛 時 魚 浪 濫 兩 撐

600　　　　　580

覥 濫 寬 西 的 嘈 沛 厄 瀝 洄
欺 朱 厄 鑊 聰 寬 貉 埃 硅 涞
遇 酷 群 礙 憐 吪 称 單 生 空
變 害 汊 拱 恤 坦 出 幻 撖 縫
從 庄 叫 湟 貞 案 羅 秩 朱 散
權 戈 丕 肝 兩 疑 倘 緘 昔 情
別 爲 仍 路 摧 昔 半 俸 禄 繪
鞠 錢 賒 臥 殘 遷 絲 仍 貪 枚

615　　　　605

曷　疬　傷　唉　併　奩　戶　決　底　緣
湄　悉　娘　求　排　娘　終　情　唾　會
詫　死　琨　暫　律　孝　固　娘　誓　遇
礙　別　祕　付　姊　重　几　買　海　德
分　生　辣　攬　論　情　吏　下　盟　勉
慣　離　癡　外　低　深　㸚　情　山　勞

620　　　　610

料　身　㢟　喺　固　為　拱　吧　濫　㝵
宄　群　干　浪　㢍　娘　魋　朱　琨　情
劓　渚　禍　規　纍　擬　衙　底　魋　㝵
䩼　惜　遍　料　兩　拱　從　妾　沛　孝
決　惜　災　魋　役　傷　吏　半　填　邊
填　之　憨　堆　㢍　恍　羅　命　恩　帀
㢍　旦　不　㢍　買　慄　慈　贖　生　礦
春　緣　期　時　吹　憍　心　吒　成　欣

635　　　　625

旦 綵 礦 浹 擋 鐈 過 嗨 斯 事
都 強 顯 命 運 柴 年 貉 沔 瑟
斤 援 憚 添 綵 粼 濯 浪 固 吋
邑 邊 臆 息 卒 個 外 馬 沒 貝
斤 扒 哎 浹 産 牢 呆 監 媒 氷
才 牴 霜 茄 床 敲 旬 生 帯 人

640　　　　630

押 湟 疑 擔 艟 茄 鬆 嗨 遂 信
宮 愜 花 花 鈍 氷 槌 圭 猷 霜
琴 如 脖 沒 綵 遢 硇 浪 遠 吨
月 菊 憻 跳 色 綵 碌 縣 客 呋
試 個 籠 淡 遢 違 襖 臨 尋 賒
脾 瘼 鍘 花 娘 飯 群 清 饇 斯
橛 如 稫 余 急 樓 炳 拱 問 唶
詩 枚 厴 行 羅 粧 包 斯 名 嚙

635　　　　　　　　　645

丕　餕　傷　沒　定　淡　鶩　緔　浪　鰻
濫　猸　娘　啞　時　啞　棋　浪　摸　濃
之　仍　猸　惣　納　船　發　價　玉　沒
極　約　祕　貝　朵　包　沒　價　典　戀
閒　術　吒　終　于　淹　添　斠　籃　沒
丕　斅　粧　公　歸　潭　台　鏌　橋　於

660　　　　　　　　　650

厄　捽　聰　乞　錢　唉　晗　扱　娉　平
埃　絲　娘　詞　胺　迻　數　茹　儀　悉
誣　沛　翁　暫　包　翹　我　泇　嗔　客
托　侶　包　領　儚　帖　價　量　呧　買
朱　招　鼐　王　役　蹺　哪　狀　包　隨
狀　毬　沙　翁　之　擒　外　傷　饒　機
含　當　脾　術　極　濫　罘　敢　帝　迭
散　厄　油　茹　衝　範　贔　柰　呈　迢

675

665

分 時 悲 椿 尷 尾 倍 蹺 沒 斧
鞘 浪 絲 萱 書 之 傍 哑 哑 刀
停 料 油 歲 包 沒 儿 如 麴 包
丕 沒 摳 鶴 憒 艋 苧 泚 魖 管
拱 身 搋 強 娘 紅 歌 洇 拱 身
丕 混 情 高 鷲 彥 �493 珠 羅 殘

680

670

摛 花 臉 汶 吏 邐 弛 料 催 女
如 油 邐 核 輪 絲 蘇 命 時 苦
摳 沼 歐 梗 婀 渚 娘 翁 麵 嚓
杜 翹 罕 搏 李 斲 吏 包 屈 祕
仍 蘿 散 別 半 填 尋 招 摳 強
暚 群 情 包 命 恩 哑 頭 他 寃
群 撐 諾 饒 咍 生 嚙 墻 悲 酷
撐 核 嫩 梗 牢 成 干 硪 疠 耗

695　　　　　　685

功 分 沒 沒 戶 䨱 腠 贋 沛 拱
程 油 命 茹 終 粞 粆 外 唑 停
計 油 娘 色 纙 也 獨 戶 翁 併
別 亙 阮 暫 飭 產 地 馬 棋 窨
余 拱 畑 從 執 銅 濫 皮 淹 併
迚 油 㞞 容 爲 錢 牢 邇 聰 航

700　　　　　　690

爲 怵 襖 星 禮 油 擒 詞 聰 散
些 愓 淫 期 心 愓 綀 花 饒 茹
嗽 刀 淶 啄 也 對 極 也 淶 羅
喫 等 淚 者 達 旱 攄 記 斡 沒
朱 閉 鬢 色 訟 台 纀 斤 淶 舌
馱 數 車 蒙 期 顛 包 鑛 艮 命
揆 沒 絈 度 拱 䪼 自 買 滾 羅
揚 唑 愁 衛 衝 之 然 抨 昂 台

715　　　　　705

浪沒機翠　念嬙再別　丕誓
悉艑丕雲　積情生刨　撩悉
當粼欖秩　積渚渚緣　巖渚
忖恣波醒　仍呂撚嬙　諾燥
忒戔多職　盤朱香誓　包嚱
苦更端春　恒埃誓倍　賒鐄

720　　　　　710

昆浚沒帶　油塊濫刦　擬磊
絲積茹畑　烙情身兄　撖誓
群群底瞔　趕芏摟催　把催
王黙姊典　砒罋駄世　闈色
綵買積朕　淚泉填時　扮貝
兄情冤憝　瀾臺義催　茹仿
渚之沒嗨　滲渚竹群　自貝
衝低艑嘆　巾散枚之　碎花

735　725

740　730

755 745

椿	洴	喂	分	聶	悲	夜	魂	鼙	枚
萱	哑	金	鞠	新	睐	臺	群	羅	黏
秩	魂	郎	分	呦	簪	隔	芒	院	油
醒	剗	唉	薄	褪	技	麵	礅	鮎	固
職	弊	金	如	情	鮈	屈	哑	蘿	包
濃	醛	郎	磈	君	散	哑	誓	核	睐

760 750

沒	汶	催	包	邊	計	酒	湟	筧	焠
茹	唏	催	停	絲	濫	滇	身	囂	爐
秩	嘲	妾	諾	眸	牢	淡	蒲	囂	香
溺	乞	包	泚	貝	掣	諾	柳	邊	瓜
几	堆	貟	瓢	固	開	朱	群	時	拖
融	晒	払	潘	餵	萬	獃	義	咍	綀
獃	冷	自	沼	瓜	愛	托	竹	姊	泛
外	銅	低	廊	催	恩	寬	枚	術	尤

775　765

轎 掣 訜 襬 咥 爲 尥 浚 嗨 几
花 鼗 之 催 裩 埃 咤 娘 翰 湯
鼗 輯 身 娘 嚁 洇 盜 雲 羅 獣
包 浚 分 吏 吏 椒 磊 買 事 欒
典 慘 碎 嗉 浚 淶 緣 吧 邏 排
外 愁 隊 哖 仁 針 眉 聰 逐 排

780　770

管 刻 西 怬 油 底 催 隻 翹 買
絃 更 浪 咤 痼 裩 時 鑠 强 油
鼗 吏 昌 者 銀 鷻 浚 低 喔 干
包 嗉 晜 特 磻 浚 氏 貝 妾 暈
嗉 南 圭 義 敢 遷 粼 詞 駒 渚
晡 楼 獣 扒 差 沉 尥 培 空 派
生 汆 管 朱 畢 爲 包 於 羅 淶
離 回 鼗 吹 鑕 埃 媕 低 咥 紅

795　　　　　　　785

連 匜 重 爲 別 品 汲 邍 歪 㔹
案 生 逢 埃 身 儸 凝 妯 歜 悲
發 羅 油 垠 典 湅 懵 衛 還 几
覽 數 母 斷 跳 典 綠 典 撟 於
青 龍 固 遙 落 牭 唊 駐 最 欪
刀 冬 欺 東 類 憒 紅 坊 瀅 㼈

800　　　　　　　790

晒 群 身 舌 盉 懷 議 罘 油 淚
擒 搞 尢 悲 桃 功 悲 皮 油 湅
娘 祕 催 欺 匜 爆 吏 春 阮 滲
匜 劫 固 於 坡 犿 恤 鎖 鞈 磢
擒 騰 群 㢮 朱 湄 車 沒 淫 絲
匜 紅 之 悲 欪 屢 悲 娘 淫 紛
袑 特 麝 欺 情 貝 隊 於 梗 癒
巾 靹 蒙 㢮 終 埃 番 鵼 霤 蠶

815　　　　　　　　805

怵 磊 躂 終 情 樓 戈 極 瞇 防
娘 埋 尋 腠 期 撐 制 羅 愁 欺
屮 歐 泣 翔 極 固 吏 姻 沒 諾
分 拱 幣 沒 限 媒 及 馬 刻 色
嬋 事 時 闈 靡 秀 囘 監 沒 典
娟 丕 圭 行 械 娑 顛 生 逛 顗

820　　　　　　　　810

梗 斷 假 舷 稫 廊 消 刎 永 刀
花 腸 名 觧 鋸 制 逢 羅 傾 尼
趍 吏 侯 奔 枝 色 吏 沒 如 時
半 撰 下 粉 登 阻 劍 酊 醒 料
鮑 稫 吺 半 堆 衛 唉 風 如 貝
船 歃 藝 香 邊 毿 沍 情 醛 身
俚 無 唉 色 沒 歇 月 色 沒 分
俙 緣 制 例 坊 緣 花 嵫 命 尼

835 625

胈 潒 帶 桃 唖 乢 術 色 惆 卯
燅 補 塵 傸 唔 罘 低 铖 恍 驢
打 榴 籴 色 棋 聂 潒 國 旗 色
斉 鼎 楅 燰 典 兩 糨 色 色 黙
琨 胇 廊 牺 羨 試 披 天 典 叺
顛 鵑 制 凡 尬 甍 花 香 牺 困

840 830

包 擾 制 時 本 拱 王 爻 強 娉
饒 牟 花 援 茄 色 孫 嗼 聰 儀
拱 招 渚 梗 拱 皮 貴 尬 毲 納
閉 集 昜 橘 惜 本 客 罕 玉 價
饒 吏 籴 朱 貼 群 乙 尉 強 迎
錢 羅 猷 甘 丕 麬 羅 鑛 醛 娼
秩 群 別 事 拱 時 都 極 曲 產
之 元 花 茈 貪 利 饒 訛 鑛 時

855　　　845

擬　恨　催　從　淡　席　沒　惜　典　媒
移　緣　群　之　槙　春　干　台　低　耗
擬　碎　之　羅　尋　汶　湄　汶　塘　或
吏　分　女　種　瀉　職　邊　朵　詫　固
沒　排　廥　灰　滌　慊　礦　朵　賒　調
命　排　蒙　醒　湄　惶　泷　糜　吹　之

860　　　850

沒　擒　芟　身　分　燭　傷　混　廥　料
命　刀　馱　訢　吹　花　之　蜂　些　功
時　娘　催　鑛　溪　底　典　色　不　秩
潯　色　世　底　客　妬　玉　關　動　沒
台　算　羅　污　分　沒　惜　塘　女　眼
情　排　衝　名　憶　娘　之　移　馱　脆
時　拍　汶　騰　溪　粼　典　礁　生　廥
㖞　生　芟　紅　命　猪　香　術　疑　催

875 865

呂 魁 聰 外 皮 斷 楼 仍 打 麩
廊 生 強 時 外 腸 枚 羅 料 油
浩 羅 呂 主 蓮 台 皮 擻 歐 生
濁 分 渚 客 歎 肤 肤 旦 唉 事
披 踈 淶 逸 長 分 艦 虐 且 世
轅 桃 紅 迢 亭 岐 霜 吹 寅 帝

880 870

纍 功 吧 沒 王 肺 馬 嗜 急 追
蘚 吒 聰 茄 翁 駒 生 鶚 迟 原
底 義 娘 萱 梗 泣 啄 瞺 催 極
淏 嬡 買 貝 席 警 蹉 色 拱 矯
沁 刼 解 沒 賤 軿 倍 唧 沒 累
悉 帀 悉 翹 行 車 傍 催 吝 皀
自 呂 簎 於 邆 炭 羅 價 臇 雙
低 衝 高 甌 蹺 峽 移 墙 催 親

835

885

900

890

915　905

920　910

935　925

翹 稔 擔 香 樓 ? 邊 ? 脫 車
群 花 襠 ? 撑 時 時 車 ? 珠
料 排 排 花 悁 香 ? 漢 潄 停
坦 ? 襖 ? ? 爨 妸 許 潄 柄
別 詔 ? 奉 初 罕 ? 嘆 ? 闌
之 ? 哩 ? ? 灰 蟫 嘲 脟 外

940　930

擾 蚑 ? 姑 藝 撩 邊 哪 唉 簾
哐 蜂 神 市 尤 幀 時 哐 之 ?
襬 翹 仕 醜 時 官 ? 娘 高 ?
? 吏 願 ? ? 聖 ? 買 ? ?
媒 喑 猛 朱 翁 ? ? 跳 悌 汯
時 喑 香 辣 尤 堆 猒 ? 陀 猒
愍 四 淋 緶 先 ? 廊 羨 溢 跳
? 園 淫 行 師 ? 制 尤 鞠 ?

睞 鼙 調 娘 吷 禮 邏 信 閉 閣
羅 調 毾 浪 浪 衝 聰 蠔 斾 行
台 納 祕 沛 琨 香 瞳 咖 獸 奔
塯 采 燕 跳 褆 火 渚 蘿 覧 半
樹 于 濫 流 媄 家 別 詩 拱 朱
鬼 歸 鸚 離 低 堂 髡 排 腰 枚

敢 色 癡 分 褆 秀 祐 迻 唔 膀
噴 欺 辣 憤 未 婆 情 獸 嗃 膀
咬 崇 極 哪 時 勿 羅 闌 鸚 寒
吏 作 別 色 褆 耩 拱 孋 燕 食
漢 吏 買 甘 舅 蓮 仍 逢 習 時
哇 欺 名 皮 眉 床 牟 獸 耀 睸
朱 蹲 分 小 邊 燚 揀 闌 竹 元
明 燚 之 星 箕 疸 揚 黏 枚 霄

975　　　　965

娘沛 據厄 猑牟 從保 厄媒
浪澁 牢箕 箕糊 無時 厄瞠
歪朱 貂固 色色 義趍 事浪
潘別 卒換 半秩 於蹹 色吶
坦法 沒排 朱趍 無祕 果哈
韻蚤 皮碑 些耒 仁臥 然情

980　　　　970

身揪 媽極 入催 惚宪 催閗
厄皮 絲坊 家催 鮨術 陀晗
色鞭 麕飽 沛本 鼳達 刧買
補拉 色楠 據另 色客 貼浚
仍捷 語麚 法趍 秦劍 軼三
時飽 藝眉 茹茈 縉利 綿彭
羅羅 歔仃 蚤茹 此麚 趍媒
趍牰 晌瞠 低魔 制唉 耒蓮

995　　　　　　　985

唳　數　吧　帋　域　娘　泆　傷　悕　催
嗔　群　浪　咍　娘　時　宽　喂　肝　時
歇　礦　因　渚　皀　弼　破　才　湟　催
刧　業　果　歇　准　弼　垎　邑　玉　固
梛　駃　撰　塵　軒　職　賖　墨　料　惜
蒲　桃　揚　絲　西　儸　斯　尼　花　之

1000　　　　　990

滝　馭　色　齁　割　媒　齁　泆　媒　産
錢　油　算　遷　馭　時　茄　刀　群　刀
塘　悶　迺　義　袙　泆　馭　宽　籠　㭠
仕　決　嬪　色　朔　泆　質　肈　桸　襖
限　丕　斷　蹲　趨　桸　泆　撼　娘　即
咄　市　膓　邊　柴　聪　吝　綀　啶　時
衛　色　特　没　糵　魂　如　風　過　撰
黏　朱　牢　娘　湯　魋　桙　塵　㭠　羅

1015　1005

1020　1010

1035　　　　1025

想 彼 罘 髇 覓 枚 媒 愇 特 朗
臥 傍 皮 幾 唑 魤 浪 欺 如 睴
帶 遷 八 凝 決 於 琨 螒 唑 嫚
月 斆 吹 碧 斷 摳 唉 蚊 世 喋
嶬 畑 賒 鑽 罕 如 從 代 羅 膾
同 房 醴 春 灰 唑 容 騰 枚 頣

1040　　　　1080

信 牧 吉 遬 停 連 沛 典 罕 辣
霜 情 鑛 嫩 悲 頭 調 調 浪 浪
陯 牧 埠 賒 娘 固 悲 莊 暈 埃
唉 景 怒 怵 拱 脺 吏 濁 固 固
俔 如 塘 膝 仕 楛 對 牢 如 悶
醴 紛 紅 斯 嘶 歪 悲 朋 屓 尵
暈 怵 鈥 於 嘶 燗 麻 托 朱 世
徐 悲 箕 終 寅 爈 劏 冲 庄 无

1055　1045

沒 吟 冬 憼 憼 憼 憼 逢 怵 邊
扎 噬 舩 軭 軭 軭 軭 萊 猷 歪
皮 擒 仍 遙 內 巟 閵 隔 預 船
擢 幅 渃 捲 軶 渃 灤 汆 閘 波
青 簾 嫩 稛 油 買 斯 爆 猷 巴
春 珠 猷 盈 油 沙 猷 湄 疆 把

1060　1050

形 隔 疠 喑 蹟 花 船 固 猷 舭
容 樸 惡 讒 遷 潘 埃 欺 濃 輪
沚 瞳 流 嗜 稛 蔓 倘 榕 搭 滑
淬 固 落 沸 坦 莫 翹 梓 冷 沼
襖 噴 絨 叫 汶 別 飆 匜 仍 包
巾 撹 菲 舩 牟 羅 帆 皮 埃 睬
妙 和 罘 椅 撐 衛 賒 猷 妬 朱
揚 韻 句 粲 撐 撹 賒 搐 徐 派

1075　　　　　　　　1065

仍 擬 憲 惜 嫿 湊 價　桂 嘆 脖 擬
羅 㲋 秋 調 嫚 肝 停 又 齟　喂 娥 浪
峇 催 㲋 林 杳 頦 龂 一 腠　色 濕 拱
呂 吏 怯 庄 別 悼 月 本　香 喏 倘 脉
爆 擬 𧮬 別 㚑 歪 蓮 云　蓮 香 帶 書
湄 命 外 些 碓 鞋 遷　　歪 歪 萌 香

1080　　　　　　　　1070

刼 感 聰 衛 㸌 慸 花　鶴 惜 籠 嗨
風 悳 群 珠 瓶 尨 輎　戀 朱 扒 曜
塵 洙 同 㵦 操 埃 花　女 㲒 娘 買
別 悴 望 玉 櫃 爤 窖　底 俸 拱 別
包 辣 佘 昜 數 朱 色　朱 落 㸌 浪
賒 情 啚 陀 籠 些 苔　苔 類 情 扒
羅 巴 鉄 如 如 咳 閈　墮 典 刀 楚
催 爲 釘 制 制 慸 花　花 低 帶 鄉

1095　　　　　　　　1085

1100　　　　　　　　1090

1115　1105

共 拱 瞠 油 乘 浪 娘 娘 朗 敢
饒 料 咥 欺 機 些 浪 陀 蝌 洶
躂 胜 娘 遍 躂 固 開 別 侵 骨
跳 昧 伍 夾 跳 馭 事 典 瑾 肉
幣 移 生 湄 羅 追 恩 些 乞 死
楼 躓 疑 單 核 風 猷 庄 頭 生

1120　1110

雙 廇 雙 固 毗 固 世 波 些 群
雙 祐 陀 些 迀 笼 帯 沉 低 饒
馭 琨 過 低 赹 幣 嗔 淪 沛 結
鱟 造 典 拱 酌 帳 決 垃 慢 靬
馭 堆 管 掭 酌 本 沒 朱 埃 唅
黐 運 之 干 帝 汩 排 平 蕘 鎵
沒 典 特 摅 吏 健 朱 買 廇 術
叚 蕘 身 之 欣 兒 衝 催 浪 黐

1135　　　　　　　1125

1140　　　　　　　1130

1155　　　　1145

催 域 媒 排 特 身 仍 悲 浪 歇
陀 娘 強 髓 唾 蜒 碎 睬 碎 唾
黙 歐 計 固 媒 包 固 耕 屾 首
客 擬 曰 婀 買 管 詫 托 分 服
時 訥 計 馬 隨 壜 之 於 嬋 懇
催 茹 寬 嬌 機 頭 碎 晒 娑 求

1160　　　　1150

移 馬 頓 怵 扒 怵 分 身 諾 腕
覺 嬌 㨫 娘 歐 悉 碎 厖 嫩 腠
極 吏 典 羅 保 貞 停 㐀 離 屵
別 嘩 墨 買 領 白 丕 典 闌 覩
琨 意 濃 打 濫 自 本 世 離 摺
歐 羅 難 料 詞 嫩 歐 厖 茹 頭
楚 吲 買 弨 供 拱 低 時 旦 弲
鄉 唾 他 端 招 徐 覺 催 低 沙

1175 1185

楚 娘 抛 楚 群 娘 未 固 拖 負
卿 浪 朱 卿 當 浪 羅 些 刀 情
唔 催 眷 遍 推 誓 呂 聶 立 浚
嘴 世 遍 嘴 犟 說 稸 兩 產 嘴
同 時 揄 嘹 擬 礛 即 捽 砺 楼
同 催 遷 嘹 黠 哑 時 西 用 撑

1180 1190

跳 浪 唉 嘆 稸 固 扒 空 邐 泆
皰 空 祜 瞳 誤 揽 哑 仍 之 西
皮 時 固 浪 皂 麻 叫 之 沒 塽
立 拱 別 固 覧 吏 渚 固 骨 別
特 羅 稸 混 於 固 洣 傅 沒 仐
雄 哑 尢 帝 揽 馭 之 尢 童 梗
羅 浪 羅 於 引 險 麝 路 初 美
西 空 埃 低 皰 渚 夫 箕 尬 蓉

1195　　　　　　　　1185

1200　　　　　　　　1190

1215　　　　　　1205

1220　　　　　　1210

1235　1225

身睐秩劇局強西刼柖渃

1240　1230

1255　1245

珍擬沒掘謹埃宮　妍仍
甘　歇　紆魚知琴　簾命
埃身沒廳　音　景寧　帀
几分我纊浚姑月固吟別
拖　脖掘趄漫　愜罕固
台羅　槐寅埋淋碁　夏春
役世斜廳沒貝帶包　羅
命　斜疠身埃花賒收之

1280　1250

1275   1265

本 客 芭 芭 客 窗 緇 情 欺 忟
馱 遊 蹸 朱 齊 紗 情 溇 術 哑
縣 俸 皀 祕 兔 宇 隊 蒙 晦 願
錫 固 刼 挎 鉑 宇 段 者 柳 約
州 沒 風 紅 鴉 方 紆 義 章 三
常 馱 塵 彥 鑛 歪 絲 韻 臺 生

1280   1270

蹺 其 物 溢 怵 砭 戝 花 梗 賖
巖 心 朱 朱 馱 黃 鄉 箕 春 吹
親 戶 耻 朱 沖 昏 關 芭 芭 埃
覿 束 辱 害 會 芭 隴 執 掀 固
魖 拱 沒 朱 斷 吏 仍 核 朱 別
行 類 客 殘 腸 枚 慊 尢 馱 情
臨 書 買 朱 隊 昏 更 朱 專 庄
淄 香 催 斤 干 黃 毅 渚 牰 埃

1295　　　　　　1285

欺　欺　生　喋　矞　邐　月　海　帳　花
香　臉　強　兜　桃　之　花　棠　蘇　魁
矞　閣　沒　埋　最　聲　花　蔓　夾　慕
欺　欺　醒　噉　樏　氣　月　蔓　稇　嗜
邐　腠　迠　邐　憐　理　惱　梗　花　翹
瓐　壣　迷　羮　羅　恒　濃　絲　桃　兒

1300　　　　　　1290

盎　瓢　時　吏　䍓　沒　胇　時　颷　帖
圍　儽　春　皮　群　練　春　春　市　紅
點　酌　縠　及　腠　包　埃　強　極　尋
渃　醩　肷　曠　臉　縏　昜　臉　漫　典
塘　勾　涓　嚴　斅　埃　拎　強　湟　香
絲　神　衛　堂　羅　挺　悲　湄　市　閨
和　浚　貝　術　砳　朱　特　強　極　歐
彈　詩　春　圭　鑛　羅　庄　燶　於　皈

1315　1305

咍 娘 生 燼 龓 帶 媒 柬 邏 妝
慣 浪 強 妝 纙 腰 強 生 朱 瞞
埋 唎 燦 冲 沛 鵑 蘇 悄 丕 冲
拱 別 湟 王 貝 创 綠 湟 湧 局
浚 意 強 皋 從 噲 捽 卜 傾 追
貂 払 嗜 牙 容 夏 紅 涞 城 歡

.320　1310

浚 唑 寓 韇 炭 頭 罘 聶 �506 強
生 唑 情 韇 香 墻 貪 斛 朱 悄
擬 珠 耜 產 攏 焰 係 覾 覾 屬
沒 王 章 鷦 幅 樨 箟 浚 韇 湟
台 行 浚 浚 陨 粒 㠎 㬿 漂 強
調 行 篇 座 紅 𥢺 銅 唉 亭 擴
昴 錦 律 天 瀍 愧 時 如 如 拤
昴 桃 唐 然 花 嵐 迷 空 制 情

1335 1325

1340 1330

1355　　　　　　　　1845

1360　　　　　　　　1350

1375　　　　　　　1385

1380　　　　　　　1370

1395   1385

怵 浪 覺 決 風 榎 姘 香 浂 公
爲 猑 哐 眶 雷 秋 離 強 茹 祐
牺 別 嚴 辨 浂 皮 唏 淡 森 冾
卮 罪 訓 白 悼 乃 嗜 焗 合 理
滅 卮 伶 汲 排 筷 皮 強 竹 調
薀 饒 伶 皮 排 霜 悄 濃 枚 衝

1900   1390

瘐 西 打 吠 焠 車 墶 強 強 躥
未 浪 料 朱 悉 蒲 梧 吹 淶 仙
群 禀 生 騙 啾 卮 梗 壓 義 丿
別 爒 買 粉 邑 覺 碧 月 灓 卮
坤 鈰 祕 吏 併 椿 卮 強 強 脫
濫 鉛 情 術 排 堂 弆 籠 毭 鎐
牢 拱 奈 楼 分 典 蘿 牛 情 塵
低 甘 叫 撑 刢 无 鑛 蓮 滝 埃

1415　　　　　　1405

法 推 從 婀 轀 共 坦 覓 量 共
公 齁 之 箕 蓮 平 哐 蓮 饒
照 情 花 減 柏 蹺 浚 鎮 決 廄
安 狀 貸 湟 鉄 蹭 淶 磋 極 嗜
論 原 香 制 顛 差 同 知 傷 沒
凹 単 乗 排 絺 衙 同 知 情 時

1420　　　　　　1410

固 皮 攪 麻 立 雙 府 焠 溥 搢
台 市 牟 猥 威 雙 堂 肝 顛 琴
塘 時 掄 歒 羯 凹 差 翁 催 埃
人 拱 粉 意 匜 羯 蘿 買 固 女
悶 渚 打 羅 威 墟 票 告 惜 撚
牢 安 驢 歒 雞 威 花 紅 跪 綉
黙 皮 猥 遂 礦 襯 催 闌 濫 朱
命 市 顛 遂 哐 跪 査 公 之 停

1435　　　　　1425

府 湴 哭 議 没 分 呮 濁 娘 没
堂 悪 浪 情 壎 停 浪 漸 浪 羅
瞄 庄 宛 扒 淋 之 擄 身 飽 擄
倘 別 酷 束 壎 敢 法 拱 决 法
飽 議 爲 麻 飽 叫 加 羅 没 加
聰 婁 些 傷 若 宛 刑 身 皮 刑

1440　　　　　1430

動 底 固 裊 飼 桃 罒 要 蛔 没
悪 埃 瞄 賒 瀘 痐 核 踈 尢 羅
吏 腠 命 醴 涍 癆 秩 唧 王 吏
湴 悴 孎 儉 水 賜 吏 翎 柩 擄
旦 花 渚 悪 枚 柳 没 孎 絲 樓
哑 愁 陀 強 瑱 散 梗 壎 箕 撐
頼 爲 塊 怵 纀 作 壯 雷 糸 付
西 埃 黏 賒 霜 眉 丹 霆 齐 術

1455 1445

定 嘈 娘 唭 生 浪 眳 在 娘 淶
羅 浪 哵 浪 浪 如 哇 碎 陀 沫
才 價 拮 色 䶢 罕 呐 称 倂 扒
子 瀎 筆 世 分 固 拱 祂 歒 買
隹 盛 秐 時 渟 世 傷 沒 賒 疎
人 唐 題 铖 甂 无 哇 秐 斯 眶

1460 1450

朱 才 箋 木 跷 脧 撲 底 自 頭
陳 无 花 枷 隊 花 威 娘 初 麗
帋 色 呈 唉 拱 仍 買 朱 娘 吏
固 氏 鬈 此 魁 拱 吠 典 色 計
朱 鉾 案 汶 凼 是 覸 淶 別 事
陳 鑛 批 篇 鼇 非 排 无 身 時
帋 渚 祜 呈 筆 別 解 爲 固 求
欣 斤 詳 藝 硯 調 圍 碎 刷 親

1475　　　　　1465

分 帳 嚌 蕙 傷 排 急 妯 色 催
蒲 糊 嘔 蘭 為 行 傳 琨 迯 停
自 永 醅 咘 湟 鼓 懴 冲 典 違
院 尵 劚 嚁 重 舞 所 道 輆 撰
粩 脿 棋 汶 為 唅 禮 家 闌 諜
從 清 矑 茹 才 噈 公 庭 公 慣

1480　　　　　1470

對 咬 桃 曾 束 雙 轎 催 外 濫
台 情 陀 烝 翁 雙 花 時 時 之
鷹 娘 諉 登 催 迯 精 撲 羅 招
鮑 買 櫔 吏 拱 細 遍 浚 理 批
色 排 蓮 饅 撲 帳 燺 不 雙 朱
拱 情 皮 瀲 咘 桃 紅 平 齟 彈
菩 穧 乃 欣 風 聘 點 羅 羅 昂
年 終 撐 初 波 堆 髀 衝 情 宮

1495

1485

1500

1490

78

1515　1505

1520　1510

戲傷 欣油 堆昜 娘扲 滝餞
遂饒 調欺 些綸 浪殈 秦逸
快吁 酉涓 拙織 嫩戝 沒沒
餚快 虐臉 義檽 諾咀 帶戲
猷� 酉不 刀臉 賒斜 撐關
嵞饒 吹平 蓬針 灛嘆 撐河

戲斛 吏纇 典濫 牢扮 雷春
惆逅 羔停 茹之 朱配 催亭
吁拱 仍威 輵氷 顛凝 坡脫
待極 役顙 料稇 蔭戲 柳乜
睞迻 齊碎 吶扒 時合 氽道
尨兜 丕停 嚤鴣 外散 梗纙
斛麻 典分 朱苦 買咳 楊皁
黏逅 黏碎 明悉 淹咥 關亭

1535　　　　　　　　　　　1525

焰 自 於 緣 本 計 彙 猷 埈 猷
心 䏠 唆 藤 沺 之 朘 術 紅 蓮
強 園 時 順 戶 仍 埃 隻 湝 馱
拉 買 湟 彙 窑 浚 仕 脎 捲 几
強 溙 拱 臉 名 青 溢 舼 征 支
燶 花 哈 遶 家 塘 堆 更 鞍 袍

1540　　　　　　　　　　　1530

嗶 呬 吶 其 猥 䑔 姘 几 籠 棱
猷 猷 調 扒 官 齫 印 趌 猷 楓
顛 亀 練 結 吏 吏 繪 開 亀 秋
菪 鷩 襥 邊 部 浚 隻 埈 屈 亀
䍐 信 時 車 嚕 主 姘 沒 㑷 梁
悉 茹 㽏 絲 羅 張 燔 命 岸 牟
朘 時 拱 仍 窑 於 埈 坡 核 關
花 空 糀 晴 姐 茹 㦸 配 撐 山

1555　　　　1545

小 句 䧅 濫 濫 憷 併 吏 瘓 㗠
姐 斷 悉 朱 朱 之 浪 群 之 平
浚 俸 謹 籲 縓 役 隔 氷 庄 首
悼 固 扱 覽 扱 仄 稇 扒 帑 寔
同 仚 埃 眼 特 麻 屈 尉 祇 共
同 㹅 哈 前 饒 憷 哐 舳 堟 些

1560　　　　1550

喇 嘖 外 朱 濫 蜆 尉 濫 卒 拱
㢮 信 聰 㹅 朱 䧅 些 之 之 容
姚 仄 底 喺 㫺 皿 些 仍 麻 几
繼 拱 默 板 墮 㘅 拱 退 違 帶
囉 料 遘 牛 拮 固 料 祇 嗜 買
悉 排 懇 船 頭 踊 排 魁 慳 羅
撩 新 價 別 庄 扸 尉 喔 砍 塘
皵 功 外 㢮 蓮 頭 朱 嘆 命 連

1575　　　　　　　　　　1565

擬 伞 扒 洗 哐 貼 艓 龜 倍 郎
羅 番 衛 塵 散 時 繞 外 鎖 君
抌 唭 祐 愜 合 悉 肩 謹 澀 帝
謹 醒 意 嗔 浚 仍 劖 沒 與 沛
呬 呐 思 從 寒 嚜 請 如 羅 如
瓶 醒 茹 容 喧 悉 台 氷 威 埃

1580　　　　　　　　　　1570

帝 邊 事 浚 狩 生 羅 帝 移 調
埃 絲 命 悉 情 陀 臽 埃 時 尤
固 庄 拱 埃 強 術 浚 群 鬼 牢
考 動 拉 於 鰻 典 墨 敢 呬 黜
麻 剟 鄰 融 狩 樓 呐 呐 移 仍
命 埋 羅 悉 緣 紅 唭 能 時 歇
色 事 特 麻 強 竜 如 浚 抌 是
稱 情 排 羅 濃 鞍 空 哐 皺 非

1595　　　　1585

情鄭 嶽仍 覽妾 嗜浪固仍
穢念 舂羅 咥油 朱颥欺羅
渚恢 尃嗅 統腄仍 王愊哝
敢景 鰔粉 請掫呬礅 傳邑
吧江 爕櫱 如哈容鑛謨用
齾湖 味輪 制推毼鏐嗅孕

1600　　　　1590

小沒洪畑 順㐃蚊迚 小捽
姐念鑛房 咥泇蟖分 姐綾
毺關㐃烃 扒腄吏些 吏憻
㐃塞扔腄 拱擬達㐃擬女
料佘沒胲 吶吏仍信仍動
澄務菲賒 吹碑調饒調棱
乳臉信聘 抱呬奴奇毿吏
戈胲梧胅 扡嗅箅迚毿催

1615　　　　　1605

濫 拖 臨 丕 擬 辣 跡 龍 特 隔
朱 船 淄 緘 浪 茹 駒 冬 哑 舮
朱 攄 塘 摞 恨 萱 皮 底 如 還
癈 稫 步 稫 疪 歇 搋 諾 羈 箔
朱 家 腦 濫 慣 每 坎 印 嬰 賒
迷 人 逃 清 慳 情 長 丕 輪 賒

1620　　　　　1610

濫 唉 麻 謀 醜 浚 車 城 跡 臨
朱 宅 塘 高 扒 扒 香 礎 駒 淄
疠 絿 海 本 麻 於 娘 擄 齟 拱
疸 赤 道 包 固 箔 包 碧 躍 沛
哎 纁 郷 泣 埃 浚 順 巌 諾 倂
兮 顒 竁 伶 嗜 命 塘 披 巌 調
朱 娘 時 仍 之 韶 歸 膀 圭 晨
槐 術 斯 晊 命 顚 寧 鑌 臥 昏

1635　　　　　1625

店 身 趜 遷 膵 娘 噉 所 夫 孺
秋 牢 蕤 誓 桑 自 嗤 郎 人 朱
遶 髝 拙 包 包 隻 歇 帆 嗜 補
律 浚 分 杭 熾 膵 各 臉 砑 恬
窻 不 睏 舩 昂 窻 每 撩 拱 仍
桃 平 睏 脉 頭 縋 唐 還 牟 臥

1640　　　　　1630

姘 料 姻 帋 別 塘 順 犬 朝 黏
鍊 如 緣 哑 覚 箕 風 鷹 睏 朱
膝 宮 別 嫩 蔭 浚 泛 吏 買 底
鈌 廣 固 諾 冷 怒 蘿 撰 吚 沒
臣 姉 颴 帋 別 如 湤 沒 默 徒
睥 姮 艪 哑 覚 扮 迎 翡 油 嗔
竲 擬 朱 鉄 叭 緖 灂 棍 羅 術
歪 兌 庄 輪 嗖 愁 齊 桃 栖 黏

1655　　　　　　1645

遍 佪 束 碎 産 岠 櫫 咅 幣 礥
嵩 柴 翁 隊 屍 眐 迷 壚 花 香
院 岠 茄 皠 無 蓮 瞖 鎌 越 旦
焰 齬 拱 落 主 馭 色 捽 屢 爤
強 典 斯 魂 邊 卽 洒 煸 惡 天
高 尬 舤 憇 滝 時 匎 煤 人 臺

1660　　　　　　1650

碎 哉 秩 披 宠 房 麻 失 暗 浂
隊 排 韇 乾 匎 繞 芏 驚 暗 慝
尋 洒 院 蔷 底 院 如 娘 哭 懇
觀 焰 焰 骷 姷 典 職 渚 鬼 渚
娘 尋 朱 拾 吞 粜 占 別 驚 洲
帀 馱 驚 核 崇 皮 包 浪 神 �же
儨 勞 浉 隱 埃 焰 別 濫 木 云
瞖 嗃 淶 命 哈 烰 之 牢 囉 云

1675   1665

招 唉 遏 跳 禮 遺 束 疟 趑 歇
命 喂 茹 匏 常 骸 翁 情 羅 虛
勿 呐 吒 准 仳 拍 淶 埃 准 歇
把 歇 細 貓 院 擔 淚 別 釀 駭
哭 事 中 楼 汶 術 矬 謀 房 愶
嘆 緣 堂 踈 仙 茹 戲 奸 香 饒

680   1670

琨 絲 靈 硪 陸 帯 擬 罕 韃 洪
馱 情 床 炭 程 羅 琨 娘 炭 婁
世 剎 牌 汶 扒 衾 永 催 覓 蓓
氏 膵 位 堺 拱 歛 尾 吏 沒 甚
托 焰 蜍 爆 典 帯 膓 固 堺 孀
宽 煩 娘 湄 尢 羅 馱 盤 昌 黐
世 煙 於 罘 閒 祭 湟 浪 煙 尋
尢 肝 連 墻 睬 齋 那 埃 殘 光

1695　1685

台 命 歇 阻 道 懺 連 斯 傷 職
邊 宮 尨 衛 人 生 三 沍 強 浪
大 登 礦 明 伏 禮 寶 瞄 擬 枚
稬 黙 扐 白 攪 物 帶 固 擬 竹
屢 難 冤 吶 淨 迓 九 沃 強 吏
屢 蘇 家 詳 坲 迦 泉 柴 疠 圍

1700　1690

悶 沃 群 稬 出 吁 尋 髟 昜 埃
認 䤵 嫠 娘 神 尋 凳 符 埃 哈
麻 女 女 極 綀 朱 時 致 拉 永
極 買 鬱 覽 丿 覽 拱 鬼 慘 訣
敢 探 牢 役 渚 稬 別 高 撖 典
認 嗻 陀 娘 殘 娘 信 牰 愁 瞤
邏 特 托 色 礦 嗨 燴 通 朱 迄
台 信 朱 查 香 嘆 煉 玄 麟 饒

1715　　　　　　1705

傍　黄　域　典　帆　犬　涕　惜　掘　調
徨　梁　娘　瀅　高　鷹　潘　花　戈　攙
摸　瞋　暫　蓮　撩　色　花　仍　童　吶
醒　醒　竈　孅　舡　担　洰　吟　骨　邐
摸　魂　門　廳　翹　謀　色　嘶　光　羕
醒　枚　房　堂　尚　奸　安　春　川　尬

1720　　　　　　1710

廳　闌　唉　犬　提　域　固　身　臥　事
蓮　茹　群　鷹　澄　娘　兜　尬　兜　娘
嗪　兜　帖　台　縣　迻　地　易　麻　羅
嘴　秩　帖　移　錫　竈　獄　吏　吏　世
隊　樓　職　納　氷　底　於　伞　隽　哑
蹤　臺　爧　娘　沍　安　沍　杳　蓮　柴
蓮　市　渚　登　遳　帶　人　返　堧　敢
侯　低　派　功　迎　船　間　仙　塵　信

1735 1725

1740 1730

1755　　　　　　1745

矯 於 拱 吠 欺 窗 羅 花 怵 竹
欺 低 羅 浪 茶 家 刨 奴 台 棍
稟 聰 寬 埋 嘁 固 蹺 傳 桃 羅
熏 壁 業 磊 欺 浼 傻 吠 李 飭
不 脈 之 邑 櫱 媒 青 樹 沒 扱
欺 棱 低 停 湯 帀 衣 貉 梗 刨

1760　　　　　　1753

昆 覓 沙 椰 執 覓 烰 房 沒 酤
蜂 埃 機 蒲 咥 歇 畑 繞 番 帀
丕 歇 買 命 方 覓 還 吠 湄 極
蜆 舊 典 㧟 便 湟 繾 押 臉 湟
叫 拱 世 祕 羈 羅 胮 刨 散 肝
之 停 尢 命 塘 刨 鈌 番 情 帀
特 聰 庄 朱 好 麻 管 侍 沒 極
寬 之 仍 咍 生 傷 包 牌 番 驚

1775　1765

沛 曓 領 小 媄 仍 甩 滋 風 娘
脆 曓 哑 姐 猩 羅 停 牢 陳 強
淹 巾 娘 帶 路 娘 凤 泊 刧 堵
妸 桔 買 帳 傳 耭 債 極 甩 玉
朝 罩 蹺 少 隣 戈 前 皮 貂 如
歪 頭 迎 歇 羅 時 寃 催 吾 滇

1780　1770

竹 分 別 朱 夫 小 拱 恠 淋 淡
絲 猩 兊 術 人 姐 料 恠 炭 悉
嗨 侯 地 邊 買 沛 玉 扑 拱 餓
典 狩 獄 伏 嚕 眼 湟 買 固 仍
藝 猩 天 蹺 娘 買 花 祕 次 盤
制 侯 堂 隊 羅 衛 殘 歇 尼 桓
每 敢 羅 楼 吡 寧 麻 紅 平 念
時 差 兊 粧 哑 家 之 顏 台 西

1795   1785

尋 蓮 眉 臨 杏 罘 臨 闌 小 領
兜 殘 撐 淄 杏 方 淄 狀 姐 哂
朱 枚 腠 自 腦 邏 㧞 吾 祐 娘
覺 吏 買 裸 淪 臯 義 墜 拱 買
故 芷 印 鶩 時 汶 刀 怵 傷 摁
人 花 銀 懃 戈 牟 逢 身 才 綀

1800   1790

祕 愁 粉 房 浚 鼃 諾 驫 困 唉
句 賤 乘 空 斯 瀉 飆 囉 威 嫩
運 時 香 傷 市 故 底 咮 羕 請
命 㸌 裏 几 別 國 字 脽 拱 嘮
擔 冬 倍 腦 塘 捌 相 胱 扒 易
寅 陀 分 時 車 兜 逢 魚 菲 差
牧 迊 怵 隻 世 羅 劫 恨 罘 惡
傷 春 車 身 尨 茹 黐 惡 分 狀

1815 1805

悲 皮 燴 砳 碑 沛 跳 茹 小 鄭
賒 外 姝 浼 浍 浪 齫 香 姐 念
坦 噠 宓 固 情 爍 浹 高 迅 怏
鼾 噠 侶 砳 買 炝 跳 捲 闌 旦
岙 呐 堆 邏 燴 畑 浹 幅 吔 家
高 唭 些 裘 情 燥 踩 纙 提 鄉

1820 1810

唉 麻 濫 狀 催 燴 韇 房 寒 怏
濫 冲 齫 浼 催 姝 車 冲 暄 圭
牢 岩 昆 麻 匜 絮 娘 傳 皮 扒
呐 險 於 吏 黙 妨 匜 嚕 沛 吏
濫 巍 主 固 飯 極 燦 娘 每 尋
牢 狀 茹 狀 綾 羅 澄 齫 皮 塘
碑 空 堆 情 極 柬 扅 褌 斯 深
賒 刀 尢 麻 差 生 車 惆 賒 圭

1835　　　　　　1825

扒 嬬 嗜 生 小 愇 因 生 愇 強
寬 軼 浪 浪 姐 涓 濫 也 威 轤
扒 噲 孝 孝 轤 敢 牢 魄 敢 稇
日 酢 子 服 稇 嗻 典 落 極 強
典 噲 也 皮 嗨 羅 世 魂 唧 謹
唑 酬 鋮 衝 查 唑 兂 漂 唑 魚

1840　　　　　　1830

扒 扒 洗 推 買 坤 催 傷 蹭 胇
脆 娘 塵 悉 衛 垠 催 喂 頭 蟳
盡 蹲 嘆 陟 固 淶 些 極 納 隊
稇 直 噲 屺 役 玉 也 沛 竉 叚
扒 持 解 方 之 淶 黙 娘 壙 如
迂 壺 煩 悉 麻 沫 稇 翹 枚 絲
盡 台 脂 冬 動 汜 它 於 淡 纆
稇 兂 秋 天 容 沙 末 低 朝 排

1855　　　　　　1845

淡拱罘娘浪小　生　小悸生
珠魗練陀花姐強姐移強
呂淡如散奴唄煌倍移如
渚嗜哭渙覩醒胖呦吶瘟
坤絲如痺每吶散昆秩如
扴桐嘆迷才醛魂花唄癡

1860　　　　　　1850

儈歃遺唎版渚嚬勸告淡
頭外歃唾彈衝呲扴醒戝
扴唄連羅呦局沛極扴淡
仍慫席㩗躂醏吟沸㐌𤲃
拔歃拱屛沒吏蒲時件嚬
恍魗散施排排凡些排吾
淡哭湟案扴路澡固燗嚬
霜恍悉彈瞠制𠯄抴羅瀉

悲 砳 旦 欬 生　悉 曲 生 牢 小
眹 凳 矜 皀 時　穧 蜂 強 極 姐
沒 技 買 終 肝　啦 更 慘 別 吏
坦 翠 別 襘 烤　啵 匜 切 意 喤
沒 劢 頭 鸞 胖　惆 點 徘 思 祕
歪 鴛 雛 房 瘨　愧 𡷫 徊 之 娘

歇 埃 弻 娘 浹　愶 小 倍 朱 局
調 䵺 慳 蠶 悉　尬 姐 傍 払 愶
槌 塘 凳 捗 強　匜 聰 強 愶 掀
輈 乃 固 牪 擬　補 稇 吶 把 曲
歇 埃 羅 畑 強　疠 羑 強 罪 斷
調 聰 莪 終 咳　吟 匜 唭 時 腸
是 特 茄 更 登　初 甘 朱 在 氏
非 埃 慳 臥 悉　砬 心 戈 的 之

1885　　　　　　1885

面　儈　仍　生　小　櫨　蠡　汶　呂　玥
前　頭　衣　它　姐　哑　房　命　廊　如
呈　跪　吏　撻　娘　侯　陰　拙　花
貝　鵋　累　肆　嗨　買　下　倚　分　礤
小　壣　典　如　束　疎　臺　店　嬋　如
姐　花　娘　胞　生　戈　盨　迊　娟　錆

1900　　　　　　1890

脱　白　哺　呐　忌　沛　小　砒　波　撵
袪　供　崇　囉　扒　欺　姐　油　淡　牢
羕　娘　買　極　查　命　攌　瀉　涛　羅
固　買　仕　便　祕　吏　萂　渚　奇　女
謹　蓮　料　罋　寔　怵　提　相　固　群
魚　戈　塘　飢　情　車　情　苔　全　之
拙　汶　嗨　極　朱　淡　嗨　舼　特　羅
情　詞　查　轒　瓮　命　查　更　爲　緣

1915　　　　　　　　　1905

曾 固 産 催 小 尉 生 瀿 杳 連
曾 古 觀 時 姐 初 浪 塵 生 栖
丕 樹 音 催 浪 歐 寔 沉 固 挼
買 固 閣 拱 意 拱 固 浚 數 吏
平 山 園 朝 融 世 如 嬋 聶 束
明 瑚 此 悉 詞 厄 丕 娟 聶 生

1920　　　　　　　　　1910

香 朱 固 拱 哑 慈 紅 有 價 浪
花 娘 核 朱 宠 悲 顏 才 厄 才
五 羅 聶 朱 命 歐 菪 傷 酉 郕
供 妬 琶 擬 菪 料 命 浚 鑣 重
懺 忖 固 冲 吓 扒 沒 無 茹 麻
生 厨 花 妄 泗 栖 趴 緣 鑣 情
禮 誦 罘 跳 闌 買 帀 邏 拱 郕
常 經 務 囉 空 皮 爲 裝 郕 傷

1935   1925

閣 關 標 朱 佛 因 娘 爨 襖 迩
經 房 攬 咍 前 緣 自 鱻 撐 娘
院 扦 自 淡 慘 兊 另 侓 撗 典
冊 日 阻 喏 垃 吏 躇 觀 衪 糑
堆 緅 牟 梗 愁 群 園 油 袈 佛
厄 毛 禅 楊 淚 裳 花 畑 裟 堂

1940   1930

冲 吶 嶙 焰 晴 塊 羕 春 法 三
嬰 唉 秋 悉 鋪 調 斯 秋 名 歸
嬰 糑 腠 洒 手 憻 棱 割 吏 五
吏 稫 色 憑 字 粉 紫 産 撗 戒
悲 淶 菲 每 胼 悴 唐 台 狢 朱
迸 珠 番 塘 吶 紅 賒 狢 囉 娘
關 永 蹲 塵 心 晴 塔 香 濯 出
山 欮 頭 緣 香 催 紅 柒 泉 家

1955 1945

娘憐宗管爲舒浪淶冰仍
浪命堂之些机甘淶机羅
隻砼拙蓬朱輸翛計生吟
栢湟渚閣累智菭浗買咀
湗鑛甘軐典弾貝斷華鬼
濤派愿盜歃娑情膓羅嘆

1360 1950

浮羸哏拱菖韇主淶侵小
沉身齾算淋甸東珠侵姐
拱昜掖羘王疠底尋典沛
黙贖浹托皨肆罪謝厬瞑
肰沒字貝舌吶沒江園問
帝哑同情催羅命瀾花安
磊特盜朱春砼朱襖貝衞
埋牢仝衝撑哑花撑娘茹

1975   1965

其 西 悲 料 女 生 料 拙 拱 拙
饒 浪 睐 麻 欺 浪 麻 為 料 身
計 滝 几 賖 暗 穊 糊 琴 沒 哪
禮 沖 虐 趙 縢 想 闌 包 淡 喠
麴 碝 馱 高 負 朋 朱 絕 湄 溱
初 痫 吹 憇 傍 数 羅 綀 滛 泥

1980   1970

呐 昆 別 愛 固 悉 仈 極 麻 毪
未 蠶 飽 恩 穊 馱 羅 磊 朱 乘
吏 典 睐 些 帝 岩 情 輔 天 群
呐 嶢 吏 固 拱 險 礵 拱 下 想
哑 拱 綏 銀 吏 別 仈 沒 龍 典
渚 群 哑 尨 強 覚 羅 時 飽 刷
歇 嬌 渚 麻 極 麻 恩 緣 拱 女
哑 絲 嫩 催 低 量 溇 些 台 牢

1995

1985

停 花 娘 船 惜 嗜 嘴 唢 忍 楅
停 浪 強 茶 台 浪 舫 唢 凝 轤
頤 娶 咬 津 流 筆 生 吶 吶 栖
鬢 典 洗 浩 落 法 買 吶 淬 掘
技 色 塢 紅 江 色 料 叽 踌 女
絲 數 哝 梅 湖 精 咥 嗷 羅 洓

2000

1990

佘 饌 吧 從 斩 搨 尋 嗨 小 花
咥 頤 聰 容 鐄 皀 花 扴 姐 婢
瞘 踌 嗨 浚 寔 貝 過 買 兌 色
歇 納 吏 蹭 拱 帖 跳 於 色 動
色 度 花 書 铖 香 祜 淮 墻 嗜
餘 兌 婢 齋 摸 亭 歀 市 花 歀
燃 姘 舉 拱 祕 市 日 吏 跳 憂
詳 脎 鮅 衛 才 輸 經 制 皀 賒

2015　　　　　　　　2005

査 身 悍 世 定 臥 氏 瞳 叼 包
扱 些 呷 麻 賤 兊 買 催 碎 饒
執 些 羅 掩 扒 湊 肝 驚 蹐 豳
翹 沛 胞 極 持 邑 氏 駸 吏 苦
高 憶 世 代 羡 諾 買 掣 沒 情
憨 歐 常 滕 尨 莊 才 兊 邊 傷

2020　　　　　　　　2010

橾 呬 嗔 嘲 帠 麻 擬 彈 懺 淶
核 猞 呷 咑 慳 払 強 娑 聰 翁
欤 毒 買 愶 埃 束 添 羡 末 勿
拱 蜍 定 颸 拱 拱 擬 氏 買 巴
固 於 坤 吶 饒 羅 喂 覽 跳 淶
眰 兊 量 熊 眉 臥 炎 歐 蓬 娑
掖 准 險 妙 哏 拼 洇 淡 蓬 咀
花 尨 潘 揚 齼 哂 淶 欤 楼 嘆

侵 厨 丕 更 霤 拮 邊 擬 參 分
侵 兊 東 鼂 殘 命 命 赵 哎 巐
梏 龓 皮 身 淡 戈 攢 擬 圭 包
闌 儝 爛 媽 吉 阮 庶 吏 客 管
跳 臮 岸 琰 栚 墻 護 舮 沒 渃
郖 賖 槵 長 核 花 身 孤 命 沙

住 伶 巴 分 嗜 杏 杏 佛 晒 泠
持 伶 爲 哎 鵤 塘 瞡 前 空 汀
瞡 招 帗 塘 店 蹺 更 産 渚 兊
嗜 隱 色 詫 鼾 膞 包 固 昜 女
逹 庵 別 分 踚 腠 沒 每 尋 拱
呲 咝 兊 傷 鞸 斜 分 圖 鍒 羅
郖 字 羅 烌 求 衛 藗 金 襝 泠
鼀 排 茹 油 霜 西 峚 銀 餉 汀

2055　2045

纖　偶　吹　賢　祜　屬　本　小　浒　覓
屬　經　身　徒　戈　哪　師　禪　宵　牟
羅　勾　特　塘　師　面　耒　圭　梗　唉
價　翻　淮　詫　買　獻　拱　於　院　黙
幡　屬　庵　沒　呎　伶　典　扎　朱　橄
遷　悉　遷　命　戈　伶　翻　京　詳　標

2080　2050

院　香　埖　於　沛　鐘　呎　飯　邏　覺
畑　畑　茶　低　尾　鑛　逸　師　逵　綠
挑　役　塔　徐　恒　罄　法　飯　娘　師
月　翻　撣　待　水　菑　寶　佛　唉　長
嗜　濟　腈　師　羅　邊　逦　修　尋　饍
梼　房　時　兄　些　命　候　行　塘　悉
礦　涓　從　㠯　厚　揆　師　閉　吶　連
霜　栖　容　時　情　羅　兄　數　舢　傷

2075 2065

吷 吧 覺 悲 擬 覺 擤 臉 闌 覔
庄 聰 緣 晗 浪 緣 圖 光 禪 娘
仍 娘 瞠 事 坤 寔 鐘 遷 皮 聰
事 買 吶 㐀 浚 意 磬 淨 腠 慧
不 燐 湎 羕 西 憶 祜 請 魑 恪
期 悫 涑 尪 牟 量 戈 台 春 常

2080 2070

底 於 姘 分 事 肪 嗜 固 捧 師
娘 低 傷 憒 命 清 浪 臥 花 強
朱 闌 姘 油 娘 買 窖 坿 苦 你
典 佛 愽 磊 買 嗨 頡 越 坦 秞
世 羅 徘 油 躕 吏 貼 蓮 縣 娘
時 空 佪 埋 頭 娘 茄 制 銀 強
拱 狹 極 在 排 鞻 宦 闌 昂 凭
傷 之 衝 臥 証 斷 娘 伽 歪 躓

2095   2085

害 浪 媒 虛 覽 帯 仍 怨 固 另
寇 娘 強 空 娘 疑 惆 邇 茹 賒
家 開 吹 達 漖 其 特 叫 媒 糯
貼 埃 嚼 補 粉 祖 淮 歇 泊 料
破 洨 朱 娀 諓 妏 安 每 邊 尋
家 身 連 哂 輪 耗 身 塘 箕 塘

2100   2090

群 吏 祕 娘 惆 泊 倍 迍 庵 坐
埃 怪 哂 它 恢 娑 傍 茹 邇 除
敢 祕 凶 矗 特 學 帯 唉 涓 渚
貯 嗜 險 眓 準 貝 及 暫 磊 典
刨 與 押 洇 半 秀 併 朱 掱 娀
茹 斯 緣 淶 奔 娑 斯 娘 衛 兼
女 饍 朱 黟 固 同 併 藞 油 群
低 賒 陳 番 利 門 賒 顙 香 圭

妾 擬 娘 娘 悲 世 闈 尨 尨 急
如 命 強 油 賒 帠 茹 抾 斯 算
昆 縱 稇 極 埃 娘 奔 泊 時 劍
燕 坦 塢 決 吏 拱 半 倖 極 淮
落 仕 眉 順 別 沛 州 召 便 賒
彈 顗 砵 情 埃 瞘 台 茹 尨 低

沛 世 強 債 油 成 寔 拱 尨 空
弓 穷 瞘 唼 悉 身 他 沖 賒 仍
屙 娘 媒 塢 灓 未 固 親 時 渚
色 買 呐 孁 耬 仕 沒 戚 極 易
悑 賒 強 累 滝 料 單 肆 固 麻
櫕 斯 疠 命 塈 衛 差 肑 得 戁
榰 咀 如 典 青 州 極 極 帠 塘
弓 嘆 寅 黏 青 台 疑 埃 賒 歪

2135　　　　2125

船 成 耀 泊 泼 特 証 油 女 窮
皮 親 壚 生 媱 哑 明 埃 欺 塘
杜 買 悉 跪 扽 媒 固 悉 開 油
濺 遑 匜 竃 撲 買 坦 固 泼 併
請 竃 焿 倍 令 羅 固 所 世 幹
台 船 悉 鑛 停 趔 歪 求 市 從

2140　　　　2130

泊 順 融 過 抉 嘖 閉 心 半 別
生 帆 幔 哑 壚 信 賒 盟 猞 欸
蓮 沒 濫 願 達 尸 逝 叶 奔 別
耀 蘿 禮 歇 遑 泊 濺 決 鬼 栢
尋 吹 絲 城 沼 即 羅 貝 職 別
尨 沔 紅 隍 厥 時 淵 饒 卧 悉
每 州 結 土 爍 懺 管 沒 胲 濫
欸 台 緣 公 香 生 之 哑 兜 牢

洪 惜 擬 劍 脫 逖 轎 嘆 祐 拱
鈎 台 裝 吒 韉 娘 花 臥 臥 茹
貝 諾 麻 瓦 娘 段 達 稅 定 行
客 包 嗲 數 包 襯 鐻 轎 價 院
洪 打 朱 花 別 家 墻 違 皮 初
裙 攀 葉 桃 情 堂 花 娘 末 陛

包 麻 才 擊 鴣 拱 邊 泊 綯 拱
磋 朱 情 羅 籠 神 鼢 宄 行 坊
旦 塩 之 末 坤 眉 儥 柘 沒 半
世 吏 齡 吏 理 晶 沒 泊 包 鮎
群 染 朱 补 拮 拱 媒 劍 羅 拱
恨 蓮 丕 包 命 坊 羅 塘 迂 牭
渚 買 坦 如 懇 樓 倍 朱 時 奔
他 吝 慳 制 高 撐 傍 賒 颸 臥

2175　　　　　　2185

帖 戈 江 隊 堂 鬚 齊 別 頭 呂
名 制 湖 歪 堂 猗 輸 身 撐 自
迻 儎 涓 蹟 沒 臉 臉 趨 包 落
典 嗜 趣 坦 等 燕 沫 極 罪 跳
樓 娘 涀 於 英 眉 腠 塊 情 跳
紅 翹 逢 裝 豪 蟳 清 歪 之 羅

2180　　　　　　2170

台 㐃 鎌 戶 棍 臉 俸 拱 腸 氏
邊 悉 彈 徐 拳 堆 覺 料 紅 身
拱 兒 姘 㹳 欣 其 固 稲 填 料
晌 女 梗 海 飭 韃 客 粉 過 仍
台 拱 嫩 本 署 身 邊 朱 姘 自
悉 漂 滝 㹴 韜 迌 庭 未 時 如
拱 英 汶 越 廉 其 旦 時 渚 料
於 雄 棹 柬 才 高 制 撐 催 趖

2195 2285

糠 辣 吏 徐 群 怵 娘 汶 閉 徐
傷 浪 低 浪 如 貞 浪 苿 數 浪
鴣 量 祜 � 創 撰 猷 特 瞳 心
丙 奇 吏 吶 鸒 磅 吭 伞 嗜 胆
花 包 朱 有 羅 些 過 英 騰 相
慣 容 斯 情 數 鑛 哹 雄 桃 期

226 2290

貓 晋 傚 遣 埃 別 身 補 桕 沛
身 陽 信 猷 朱 兊 尢 之 撐 猷
巓 特 特 吏 �케 麻 群 釽 極 腠
淥 箟 汶 怏 撰 吸 敢 招 底 遍
敢 邏 罪 勾 鑛 肝 祜 鳩 埃 汤
煩 蜂 分 平 鍮 腸 埃 籠 創 潙
枚 固 哈 原 在 創 瀾 麻 洞 哈
數 畨 空 君 命 兊 常 制 空 牢

2215　　　　　　　　2205

娘　韃　籾　脉　房　吽　厶　沒　嗜　瞓
浪　濔　薢　英　稹　哐　邊　哐　朱　哐
分　丕　香　雄　所　吶　意　巴　昆　皮
娒　灓　焗　媽　淮　貝　合　別　相　意
字　溪　登　嬋　清　氷　心　典　精　咭
從　濛　燶　娟　閒　人　投　些　莀　頭

2220　　　　　　　　2210

扒　青　大　菲　達　錢　欺　開　英　唭
垀　鎌　夫　願　床　磊　親　鍾　雄　浪
妾　鞍　卒　聘　匕　吏　掫　軒　蹲　知
拱　馭　巴　鳳　寶　據　路　馴　艴　已
決　蓮　動　牒　園　原　羅　拱　塵　糯
悉　塘　悉　緣　幔　銀　求　羅　埃　黇
吁　艝　罙　騎　入　發　買　固　買　朵
垀　扲　方　蟵　仙　還　親　饒　毲　臥

2235　2225

2240　2230

2255 2245

群 娘 獣 艺 貼 魁 舅 緣 惜 祝
當 浪 涓 丕 獣 鴻 念 媕 台 羅
堆 孾 屬 殺 隴 懃 故 油 独 迸
倘 㡀 几 氣 仍 俸 國 綏 義 伞
謹 哏 終 愐 陰 絕 他 絲 飀 輔
魚 咥 舱 㤑 㤒 潙 鄉 紅 強 丕

2260 2250

價 酉 嘆 㳠 焰 㡀 唐 埋 酉 群
外 䢉 娘 滝 兵 病 箕 羅 离 羅
㡀 危 唤 鯨 澆 昆 逡 欺 緕 欺
覽 險 暫 鰐 㡀 栖 怒 㡀 䶒 㡀
㿃 敢 另 秩 暗 方 言 晒 群 膌
旗 淶 命 塘 暗 丕 昻 撻 王 蝎
嗜 約 浚 甲 浚 宨 排 晒 絲 邎
鑼 初 尢 兵 方 宨 排 挑 悉 霜

2275　　　　2265

英 唄 焗 矯 火 矯 産 宮 台 甲
雄 浪 命 旗 碑 旗 床 娥 邊 兵
買 敕 邏 疊 前 淡 鳳 彩 迊 揩
別 諾 瞰 發 路 敕 輦 女 位 旦
英 緣 巾 銃 蹦 蓮 鷺 綏 將 舩
雄 於 帶 城 毛 塘 儀 黻 軍 茄

2280　　　　2270

劌 怏 唉 徐 南 竹 花 浪 搓 同
玷 啑 群 公 庭 絲 冠 唧 鎌 聲
倣 吶 膾 羅 瞳 淡 燃 令 襘 拱
包 仍 燕 馭 動 鷺 燉 旨 甲 嗨
甘 包 眉 親 敕 轎 霞 遑 鷺 帚
悉 睐 蜪 迎 朝 鑛 衣 朝 璘 羅
意 咍 如 闌 大 矯 燴 于 叩 夫
渚 空 初 外 營 黻 妹 歸 頭 人

2295　　　　2285

嚴	徐	尥	欺	勛	榮	席	共	旦	娘
軍	公	身	無	軍	花	排	饒	悲	浪
撰	頏	例	錫	因	補	賞	軭	眛	拙
將	歇	色	欺	大	課	將	稇	買	分
産	始	貳	臨	愜	風	牿	奇	体	癡
床	終	讓	淄	圍	塵	兵	唭	低	頭

2300　　　　2290

帯	不	拙	尢	從	孶	暗	延	麿	拱
旗	平	群	時	容	情	掩	玿	悉	埋
沒	浚	恩	驢	買	時	皷	衛	色	練
令	陣	怨	倒	計	吏	陣	淮	職	喬
倍	同	堆	尢	事	添	習	帳	仍	特
傍	同	塘	時	時	親	情	枚	時	抑
蹐	霊	渚	怵	寒	沒	楽	叔	沒	腆
騂	噪	衝	傷	微	時	軍	情	台	核

2315　2305

先 帳 産 軍 道 誓 媒 吏 仐 匹
嚴 捨 床 中 丕 師 管 差 獸 軍
鞁 覯 齊 鎌 報 計 家 令 貟 指
渚 艸 整 驫 復 歇 娓 箭 泊 莞
撼 中 威 槊 參 每 覺 傳 初 旗
回 軍 儀 毈 誓 啞 緣 戈 箕 桃

2320　2310

點 徐 愽 衞 窨 悟 拱 俘 照 道
名 公 銅 魶 台 悟 差 床 名 羅
鼜 聘 秩 侍 淡 拱 令 戶 尋 無
引 貝 坦 立 埌 嗶 箭 束 獲 錫
直 夫 雄 奇 繆 獸 宄 淡 扒 道
外 人 旗 外 術 獸 信 茹 術 區
闌 共 霽 雙 隊 執 違 朱 待 臨
轅 戁 墶 披 尨 威 迚 安 查 淄

2335　2325

束　蜆　嫡　錦　參　娘　朱　報　娘　徐
生　踊　扐　磊　商　浪　鎌　恩　浪　浪
鞋　呭　鬼　卷　極　義　追　末　恘　恩
楯　噦　怪　泊　院　礛　旦　仕　悢　怨
閉　渚　精　彥　字　彥　束　呂　威　台
賒　數　魔　斤　同　嫩　郎　讐　靈　邊

2340　2330

戌　謀　番　謝　在　臨　楯　徐　唉　默
灰　溇　尨　悉　埃　淄　如　浪　吁　娘
扐　拱　几　易　呵　眣　藍　役　報　處
色　者　扱　稱　敢　屢　觀　意　答　決
如　義　娑　報　員　扐　身　低　恩　報
湄　溇　糅　恩　悉　群　義　朱　情　填
遏　朱　迓　噲　故　快　猆　默　朱　朱
淫　皮　饒　羅　人　空　敦　娘　學　明

2355　　　　2345

賒　帑　急　娘　台二　蔚　快　撼　媒　悉
轆　旗　傳　浪　馱　鎮　欺　牴　粶　頦
娘　鎌　諸　吁　轆　嚕　侶　闢　師　慏
厄　捽　將　唉　稿　拙　跳　稿　長　悷
嘲　鈉　猷　瞍　秦　禮　仕　朱　次　坤
初　羅　俘　艬　銀　常　瀉　慇　台二　拎

2360　　　　2350

小　正　吏　袪　姘　麻　嬂　花　脫　悷
姐　名　宪　朱　分　悉　鎮　怒　遂　台
拱　首　各　爐　怯　漂　渚　箕　旦　麻
囙　犯　跡　稿　悷　母　易　貝　耦　吏
碑　貉　犯　別　姘　氽　填　濯　倍　慏
賒　羅　囚　碎　分　鎮　倍　泉　迚　悵
旦　宜　候　報　慏　朱　脁　拱　連　朱
低　姐　查　讐　愜　斤　傷　碎　蓮　埃

2375　　　　　　　　2365

2380　　　　　　　　2370

2395　　　　　　　　　2385

役 睉 籴 朱 鼐 令 秀 孎 娘 謝
娘 軍 猷 咍 淶 軍 娑 羅 浪 悉
報 冬 泊 開 鮎 傳 共 泊 � 褆
傷 栯 惡 事 湟 畫 馬 倖 鞢 孎
皮 法 精 在 散 內 監 泊 呑 壏
末 塲 魔 呑 情 刀 生 娑 高 遷

2400　　　　　　　　　2390

覺 青 命 負 埃 誓 各 邊 害 闈
緣 天 溢 猷 埃 牢 觡 羅 人 轅
倍 白 命 極 轝 時 罪 鷹 人 吏
佁 日 貂 補 儢 吏 仈 犬 害 播
吸 燼 叫 欺 魂 擾 察 邊 事 沒
哑 㷀 糜 猷 驚 牢 情 羅 市 練
辭 朱 埃 負 魄 加 群 楚 在 引
歸 睕 傷 些 淶 刑 牢 鄉 些 郃

2415 2405

覺 和 娘 群 買 保 �套 師 未 娘
緣 包 浪 鞍 哈 朱 時 浪 低 浪
哳 睬 前 恩 前 會 行 拱 甈 千
吲 固 定 愛 定 合 腳 庄 余 載
慇 返 先 貝 極 之 方 余 遲 一
憃 叉 知 饒 啾 期 賖 数 散 時

2420 2410

謝 為 唾 機 色 觧 及 沖 別 故
辝 碎 師 緣 信 庇 師 甄 攬 人
說 惣 色 市 調 羅 三 觧 鶴 色
色 嗨 呮 色 犡 沒 合 吏 內 易
移 沒 乙 歇 乙 女 本 返 遲 余
蹟 唾 時 攬 旺 時 羅 饒 岸 欺
埃 終 撮 倍 調 甄 先 姑 羅 盘
外 身 差 之 黏 觧 知 麻 攬 桓

2435　　　　　　2425

倍 輶 怵 況 英 徐 揕 濫 謝 娘
傳 朱 娘 之 雄 浪 昌 �घ 恩 自
所 閼 群 役 嗜 國 記 籤 褆 恩
庸 琰 拙 拱 也 士 脃 霽 孆 怨
軍 沒 雙 役 噲 初 掣 羅 徐 擫
中 茹 親 茹 浪 �칠 之 牺 公 抹

2440　　　　　　2430

闆 朱 閉 路 艸 撰 昜 𢳂 拙 瀺
兵 得 磴 羅 塘 㕛 宄 頺 身 宽
辭 㑴 几 深 西 知 肝 如 蒲 羕
將 椙 越 謝 㑴 巳 蜸 拮 梛 也
會 羅 㕛 買 不 沒 填 梗 帯 潙
同 些 秦 羅 平 㕛 儀 吾 裳 潙
洗 甘 隔 知 麻 特 丕 觏 固 競
宽 悪 賒 恩 他 庄 遷 杉 屭 悉

2455　　　　　　　　　2445

| 棟軍濫斫招安 | 別徐羅等英雄 | 把車咿旨特差 | 固官總督重臣 | 鐹旗埃敢爭強 | 迎昂汶埃邊陞 | 風塵碑沒裙鎌 | 隊干臉撅湄沙 | 朝廷頹沒谷歪 | 乘機竹扯磋散 |

2460　　　　　　　　　2450

| 玉鎮錦繾差官說降 | 別娘拱預軍中論盘 | 便宜扒勤役外蕫戊 | 羅胡宗憲經綸蕀才 | 瓩觧雄據寡沒方海瀨 | 少之孤寡少之霸王 | 仍類架襖氈粗詫之 | 縣城蹈覩瓶座埃南 | 繾仝文武擺堆山河 | 兵威自人籬灘沖外 |

2475　　　　　2485

2480　　　　　2470

2435　　　　　　　　2485

牢 濫 錦 平 浪 因 極 蓮 拱 公
朋 之 自 成 冲 欺 欣 為 魕 私
禄 厎 趂 功 聖 盤 隻 諾 命 院
重 嗜 從 德 帝 誚 栢 帯 婦 奇
權 術 兵 閉 灘 斯 艸 為 堂 台
高 麩 刀 數 遷 賒 湎 茹 堂 皮

2500　　　　　　　　2490

功 斳 埭 埃 洒 乘 吠 沒 羌 寅
名 离 昌 埃 羅 機 提 羅 囊 迦
埃 埃 無 拱 㐀 娘 潲 得 眉 末
撚 固 定 隊 泣 買 臉 孝 栢 仕
蹲 嗜 㐀 連 潘 盤 駭 台 爐 料
帀 塄 高 頭 㐀 羅 雄 羅 姝 術
朱 黄 朋 掣 㐀 呐 䩉 得 媄 故
戈 巢 頭 包 潊 㐀 花 忠 吒 鄉

2515　　　　　　2505

死 當 胡 徐 搞 胡 役 信 整 膛
生 欺 公 公 旗 公 兵 咥 儀 咥
料 不 暗 呴 招 決 補 城 接 娘
艸 意 號 唄 撫 計 掫 下 使 呐
陣 掫 陣 別 先 乘 矜 要 倍 漫
前 疑 前 甍 鋒 機 抹 盟 傍 滿

2520　　　　　　2510

彈 猞 巴 大 禮 禮 王 阮 限 世
喑 聲 皮 官 儀 先 師 旗 期 功
朱 欺 發 禮 攔 兵 窞 瘋 束 徐
別 叵 銃 服 𫚭 後 叵 咢 甲 買
肝 沙 罘 羅 搏 刻 訴 敊 決 阻
連 機 邊 頭 銅 期 詳 更 塘 羅
將 拱 搞 闌 伏 裏 寔 雉 解 世
軍 慣 旗 院 艷 攻 虛 長 兵 降

2585

官 邏 洶 稲 哭 冲 冲 官 猪 氣
軍 台 秋 帒 浪 妄 濠 軍 如 聲
几 寃 如 韃 智 魃 外 追 砑 欺
吏 氣 沚 寛 勇 砑 壘 殺 凭 㐌
得 相 干 饒 固 排 散 蹕 如 衛
戈 纏 愁 低 乘 排 荒 㝵 銅 神

2540

2530

怵 娘 撼 時 翩 寛 亂 啾 埃 然
娘 皮 哂 料 膪 徐 軍 啾 挾 然
仕 伏 娘 騏 哂 群 皮 殺 庄 群
吏 下 拱 巍 妄 蹕 撼 氣 慟 蔣
域 徐 招 汶 旦 艸 矖 罜 坌 搏
羅 連 頭 眵 機 歪 娘 歪 搀 蹟
寅 我 沒 貝 會 猪 典 埃 挋 猰
寅 羅 邊 饒 尢 猪 尢 當 移 鍬

2535　　　　　2545

害	瓾	語	信	浪	娘	悲	㢧	浪	挻
軼	輔	羅	碎	徐	強	晾	哈	娘	㢫
計	吞	夫	鋮	羅	堵	事	成	齿	旦
枢	灋	貴	過	等	玉	包	箏	分	鶸
灆	昂	婦	瞫	英	潄	萬	庙	紅	中
功	藏	榮	咥	雄	淘	全	堂	顏	軍

2560　　　　　2550

計	挻	埃	迻	育	汲	黙	執	返	胡
包	命	疑	身	昂	凝	慇	功	干	公
饒	趍	浂	百	歪	買	擬	拱	兵	奄
吏	補	ノ	戰	蘠	吠	妡	固	草	稛
疠	戰	散	濫	泿	濕	悶	咥	趫	般
慇	塲	情	碎	逢	高	吁	娘	難	勤
閉	如	䀹	朝	灋	事	皮	買	拱	晦
饒	宓	昌	庭	瀾	慇	常	鋮	傷	嘆

2575   2565

宫 踈 嗨 鵃 没 扒 冲 胡 吁 紫
彈 浪 浪 吟 宫 娘 軍 公 朱 命
櫨 蒲 无 猿 臉 侍 翻 瞳 使 功
仍 分 曲 恖 慘 宴 席 呐 土 巴
暗 曲 於 市 湄 帶 賀 傷 没 罪
初 无 澆 齊 愁 幔 功 情 堆 魏

2580   2577

麢 譜 瞳 律 罘 攃 叫 傳 噲 耕
羴 刨 囉 聰 宫 醒 嗃 朱 羅 乘
蒲 彈 閖 胡 潀 吏 絲 蒿 荅 碎
命 仈 慘 拱 爵 押 竹 莝 姑 巴
悲 仍 訢 疴 舼 槑 會 遺 祕 鍼
眿 暗 愁 眉 頭 彈 同 形 臥 料
羅 群 緊 淶 阮 日 軍 邊 死 命
低 癩 台 珠 栖 奏 官 瀧 生 碎

2595　2596

早 沛 擬 賀 䵃 群 辣 吠 瞳
官 徛 從 命 功 朱 之 浪 浪 強
埃 皮 胺 方 𪊽 群 女 屮 香 洗
敢 䀫 遏 面 色 猛 翹 分 火 洗
嘆 爛 哈 國 過 紅 花 落 阰 強
哐 睸 牢 家 醛 裙 殘 類 生 醛

2600　2590

押 決 事 官 胡 唏 絲 鼉 緓 邏
情 情 尨 連 公 殘 悉 命 鸞 朱
羅 公 別 旺 典 特 色 擬 叶 稛
擗 買 併 竈 旼 覓 撼 色 芮 鉄
朱 斷 世 歇 𤏸 粉 緓 固 琴 拱
歇 眶 帀 些 歇 粉 彈 歇 冷 癡
土 汄 特 鼉 快 羅 小 托 朱 為
官 排 低 卧 邏 埋 糠 寬 埃 情

2615　　　　　　　2605

艋	沒	皀	身	緣	顗	仃	娘	轎	翁
麹	命	空	牢	覴	歪	身	強	花	絲
皀	爻	別	身	埃	栢	吉	塢	押	寔
吟	登	耕	典	撚	瀿	垃	柳	離	嚙
嫩	鼳	羅	世	絲	冷	洡	派	竈	多
兌	塘	惢	尢	桃	汀	塘	桃	船	端

2620　　　　　　　2620

汝	催	壞	群	女	撚	刧	鼳	蘿	車
命	時	身	睭	覴	昌	功	分	幔	絲
儱	湟	帍	帍	埃	別	吒	帍	擔	朱
仍	玉	別	拱	皀	扱	媄	固	濕	窨
蹲	散	舌	餘	撚	死	舌	分	骯	撟
㸚	鑛	催	睭	皰	生	裝	帍	畑	乾
渚	時	羅	仏	羨	淮	聰	分	挑	撟
衝	催	傷	催	牺	帍	明	鮮	高	吽

2655　　　　　　　2685

土 軆 催 折 浪 闌 帶 淡 怏 潮
官 瀉 時 軼 徐 逢 畑 仙 哑 觥
曉 昆 没 麻 公 倍 産 娘 神 洙
澉 渚 托 吏 厚 覵 幅 吥 夢 嗜
倍 溟 朱 袐 待 簾 筊 固 燴 同
傍 濛 未 軼 些 珠 花 哈 媒 同

2645　　　　　　　2655

時 挽 怣 稫 拙 盃 汶 限 尣 嗨
它 命 悉 帝 為 高 篇 些 催 羉
洗 招 付 麻 役 燹 絶 時 歇 買
王 龜 黙 吏 渚 穬 筆 待 刧 別
沉 㐀 連 蹲 麻 汶 噲 帶 斷 浪
香 洴 天 沖 羉 牟 羅 尣 腸 滝
包 長 帶 癸 貟 包 底 遑 羅 錢
未 江 滝 莪 悉 羅 黐 些 低 塘

2655　　　　　2640

固　師　猷　返　覺　余　芸　返　仍　傷
丕　浪　物　娑　緣　猷　猷　森　羅　台
麻　福　孝　三　自　爲　旦　麟　兒　拱
拱　禍　義　合　節　義　世　閒　苦　沒
在　道　觀　道　嗜　初　時　麰　流　身
些　丕　塘　姑　娘　无　催　齐　離　猷

2660　　　　　2650

修　檜　刧　從　撩　丕　融　濫　徐　害
羅　源　牢　容　贏　濫　機　羭　朱　台
檜　拱　秩　晦　掛　之　陽　朱　歇　逆
福　於　仍　歇　籍　典　極　客　刧　祕
情　悉　斷　弛　轣　數　陰　紅　群　色
羅　猷　腸　蘇　塘　時　回　裙　之　才
續　麻　世　事　雲　強　坤　此　羅　濫
冤　羅　催　娘　遊　傷　哈　燻　身　之

2675   2665

學 濫 寃 艸 齻 歇 魔   丕 叓 翠
緣 朱 箕 洭 妄 難 扰 铖 芒 翹
瞳 珪 曉 喏 槳 氏 塙 仍 祕 邑
吶 隳 買 氾 邆 旦 鬼 性 汷 稍
用 毳 貝 淿 鎌 難 宠 從 字 坤
淶 苔 情 瀢 陳 箕 塘 容 情 碩

2625   2670

汷 斷 汷 孎 掑 青 叓 於 壚 無
芲 腸 命 喿 齻 楼 尋 空 壚 緣
娘 朱 命 蟶 猞 仁 仍 安 命 羅
吥 歇 別 斳 獦 紉 準 穩 縏 分
傷 刼 汷 招 吷 青 斷 鮻 祕 紅
喂 尨 命 命 身 衣 腸 空 命 顏
群 買 命 水 碎 仁 麻 凭 皈 囥
之 催 哈 腥 隊 杏 劦 鑕 沖 停

2695　　2685

打 覺 鼹 覺 其 所 害 祕 察 師
栲 緣 熟 緣 铖 功 沒 情 融 浪
呫 瞘 朱 油 歪 德 猷 深 罪 雙
蘱 吶 院 快 拱 氏 救 嗜 業 極
草 惘 汯 義 朝 埃 開 情 翠 兮
堂 惢 哇 饒 猷 平 猷 深 翹 之

2700　　2690

汯 鄰 緣 錢 珥 凤 別 牛 黙 業
間 羅 些 塘 讓 慾 塘 命 調 緣
渃 尋 麻 且 爌 佢 輕 佢 情 斤
碧 趣 拱 汯 鼹 沼 重 重 愛 吏
邃 邊 福 葦 填 淩 別 孝 塊 找
鑛 滝 歪 羋 倍 淩 哇 心 調 趔
妢 錢 之 迶 緣 瀝 沛 典 邪 群
堆 塘 空 猷 熟 末 庄 歪 淫 趬

2715　　　　　　　2705

2720　　　　　　　2710

2735

2725

2740

2730

難罵 泛 覓 冲　袂 娘 群 斷 泛
初 皮 茹 饒 船　命 群 趦 膓 命
淬 八 終 惆 帠　脫 魚 享 數 爲
瀝 吸 乍 惕 覓　醒 謹 受 捽 諾
漏 漠 皺 臬 淡　職 別 衛 魁 爲
漏 濛 睯 皮 仙　枚 啊 數 羅 民

緣 潮 膾 扡 邊　氷 濯 緣 斷 陽
初 登 脧 船 命　傾 泉 初 膓 功
渚 歟 沫 買 只　帠 𩣡 辣 搭
昜 皺 稇 達 覓　色 嗜 陳 沛 淡
別 遷 悔 娘 覺　別 噲 福 迎 銅
洸 篦 茶 術 緣　埃 色 數 麻 斤
淮 孃 齋 草 㸚　麻 邊 灘 者 色
尨 數 悉 盧 棋　聰 聰 漼 饒 羝

2755 2745

嗨 朗 終 膾 圭 孾 若 倍 自 浂
翁 盈 舡 墻 花 麬 園 遞 時 娘
翁 固 令 核 鶯 市 靮 園 閖 災
黙 几 汔 裕 冷 覽 木 翠 埳 難
訟 遞 如 木 樑 胮 牽 撻 持 㧱
庭 測 詞 若 空 㹜 踈 羅 喪 若

2760 2750

嗨 鄰 浂 㔌 靮 花 窻 愬 姘 浂
娘 羅 念 術 蘭 桃 陵 風 輔 払
娘 仕 心 尫 桖 輔 瓊 景 於 金
㧱 嗨 事 仍 坦 外 鬼 竇 坦 重
牛 沒 悲 塌 兼 群 壁 翪 遼 閖
命 仁 睐 尫 封 唄 湄 㧱 陽 逃
贖 事 嗨 輔 踊 臉 也 恪 吏 買
吒 情 埃 初 鞊 東 淶 初 茹 傷

2775　　　　　　　2765

2780　　　　　　　2770

2795　2785

疝 勿 翁 分 氽 刧 噲 律 用 返
隊 命 妃 牢 哑 旡 羅 哑 孕 干
叚 扯 強 洦 記 緣 者 礦 欺 家
阬 臉 吶 閉 註 皀 㧏 貝 跳 變
隊 係 強 翶 丁 貟 義 郎 頤 邏
回 湄 疝 兒 寧 緣 猒 君 羅 羕

2800　2790

省 淫 扒 扒 箆 夜 愁 曼 極 半
羅 湜 強 金 磊 臺 旡 昆 纍 命
吏 淶 瞳 衛 底 群 弋 媕 斫 奴
关 王 吶 妌 胞 別 弋 奴 淶 沛
关 迭 強 昆 拮 仕 開 翠 吲 尋
末 余 嘲 時 命 填 茈 雲 巴 塘
吏 魂 如 方 羅 來 渚 台 罙 救
迷 枚 柰 爨 劷 生 悄 哑 吝 吃

2815　　　　　　　　2805

包 渚 共 浪 生 誓 咄 過 碑 覓
饒 禎 饒 碎 強 初 停 傷 賒 払
貼 襘 誓 卒 氎 摸 勸 斷 板 坊
余 � 説 過 覓 旦 解 義 匕 淡
眰 嬬 匕 蹎 強 金 磊 岧 揀 別
塘 軼 毿 羅 傷 環 朝 蓬 船 離

2820　　　　　　　　2810

群 悲 仍 底 肝 貼 焰 斬 匕 忍
碎 帀 調 朱 強 初 煩 鑛 停 疑
碎 麻 鑛 典 息 吏 坤 身 分 翁
浅 女 碚 浅 最 摸 拉 仈 菏 買
迈 撼 沛 灂 肆 典 強 時 坤 撫
娘 悲 調 花 強 彈 挑 哄 填 術
買 朱 吶 憂 怵 典 綯 補 情 吏
催 當 空 贏 賒 香 煩 牢 鍾 勸

2835 2825

椿 矧 胖 生 得 別 丁 晨 倍 浂
萱 辣 蟏 強 浂 皃 寧 昏 術 傷
憶 䀹 晿 慘 尨 功 埋 針 所 吶
愽 省 浂 切 嗨 慢 淲 䄂 准 極
掣 䀹 烰 渴 浂 貼 刎 禮 園 歇
包 迷 煉 滈 尨 稅 書 常 花 咥

2840 2830

過 鼎 雪 如 濱 臨 割 羕 違 謝
纞 蹺 霜 檂 濛 淄 缺 親 迚 辭
欺 諾 晿 肝 帀 佘 尋 台 員 生
典 相 没 鉄 別 度 隊 忚 外 買
世 魂 耗 如 瀒 捗 迋 悲 翁 淲
帀 離 病 胞 盃 術 詞 娘 她 沫
麻 占 命 悲 尨 圵 恩 晿 拱 跙
咍 包 蟡 輪 帀 澗 唒 初 迎 纞

2855　　2845

仍 黜 兼 披 固 浗 欺 哂 猒 倍
羅 悉 如 摁 欺 娘 唉 浪 要 傍
煩 鼈 連 揄 永 怏 於 惬 寚 懺
悶 磭 耩 叱 絿 典 眹 窂 几 所
脁 記 嫶 嗜 香 包 羅 于 文 撰
眭 鑊 墻 絲 房 腧 飽 歸 章 眭

2860　　2850

春 想 嗜 塵 焠 溙 強 惬 𤲞 緣
秋 娘 嬌 憨 爐 珠 歐 厖 才 雲
別 㕲 同 潄 香 隊 緣 佢 媰 贔
佢 吏 望 塊 撰 陳 買 拮 色 佢
對 覚 脭 臉 泛 紆 強 愁 春 芮
台 娘 添 迻 銅 絲 霧 箕 當 練
余 衛 㦬 挾 眭 聶 情 特 及 朱
容 低 忙 簾 初 綾 初 帝 時 扒

2875　　　　　　　　　　　2865

房 琹 哪 阮 仄 抐 情 抐 軵 典
春 堂 羅 澟 埃 強 初 王 盃 科
帳 旿 外 頯 玥 恩 快 蘱 及
攐 脼 任 洴 玉 跳 者 旦 鸐 會
花 清 臨 落 誓 青 義 賒 塘 場
桃 閒 淄 類 鑛 雲 填 斯 遷 文

2880　　　　　　　　　　2870

娘 㬎 關 擬 悲 洠 如 迎 花 王
雲 㸅 山 命 睬 娘 親 如 嘲 金
魤 嗜 圻 榮 金 強 卞 終 圻 拱
俸 鶴 垓 顯 馬 擬 買 老 杏 占
占 嗜 妻 傷 玉 賒 結 謝 香 榜
包 彈 兒 戕 堂 斯 緣 恩 憼 春
龕 逍 洠 流 貝 強 朱 周 坎 洠
娘 遙 闌 離 埃 傷 陳 旋 扮 旿

2895　　　　　　　　　　2885

沛　風　堅　翠　秀　事　升　斳　怒　眷
栖　塵　貞　翹　妃　尢　堂　臨　臨　鱳
嬌　貂　極　才　其　色　払　聲　清　買
智　色　沛　邑　馬　外　買　氣　貝　吧
員　吠　肝　埃　監　十　嗨　相　臨　共
傍　兮　皮　皮　生　年　查　尋　淄　払

2900　　　　　　　　　　2890

扒　練　料　固　趍　碎　戶　於　恪　瞫
術　緣　命　藝　摸　它　都　低　饒　哇
無　媾　世　弾　猷　別　固　或　沒　払
錫　吏　亻　吏　於　稇　几　固　字　拱
算　嫁　沛　觀　北　別　吏　佳　或　台
塘　衛　驢　藝　京　魃　糍　音　欺　塘
披　束　世　文　遝　泠　竦　庄　固　信
花　郎　箕　詩　術　泠　蓮　羅　啉　疑

2915　　2905

2920　　2910

2935　　　　　　　　2925

2940　　　　　　　　2930

2955　2945

杭 特 侈 懺 金 輔 仍 擬 瀨 泣
州 信 睢 生 時 遯 羅 調 命 蒙
典 金 世 車 攺 俸 赧 歪 融 撩
妁 買 賊 馭 任 儱 那 潘 坫 印
闍 喓 㐌 倍 南 詔 待 域 干 辭
睬 王 散 鑛 平 歪 信 潘 戈 官

2960　2950

寔 便 濤 台 扐 欽 爅 脺 飯 余
信 塘 淹 茹 王 頒 湄 鮎 生 滝
嗨 拱 福 拱 拱 勅 別 沁 羅 拱
特 吏 建 順 攺 旨 㐌 鮒 死 灄
邋 尋 爐 汱 任 旦 余 別 和 余
絲 娘 殘 塘 城 尤 醬 舅 羅 岸
停 麱 浙 赴 維 停 對 麻 儱 拱
停 初 江 官 陽 停 移 暡 饒 坡

2975　2965

貝 韃 機 情 阮 招 傷 娘 娘 浪
娘 蓬 緣 深 潮 魂 喂 它 翹 臥
親 靈 㲱 瀯 嶽 設 空 招 功 歆
戚 位 俸 慘 泊 位 合 玉 哲 怒
斯 𡨬 邏 邏 重 禮 麻 沉 極 交
賒 排 台 調 重 常 散 珠 填 兵

2980　2970

臥 秩 覺 市 渭 解 沃 滝 令 失
群 驚 緣 魂 韃 寃 茹 錢 軍 機
牢 買 塊 精 群 立 榮 塘 吏 徐
俸 嗨 俸 術 想 沒 顯 姤 扒 匜
濫 仍 尋 別 翹 坊 賴 氏 押 收
魔 臥 邸 蹺 鴻 場 寃 墓 緣 靈
哭 兜 旦 淮 眹 邊 沃 紅 土 陳
臥 些 尨 市 招 滝 娘 顏 酉 前

2995　　　　2985

燴　自　瞳　伕　共　欺　師　寔　尢　瞳
煉　番　信　前　饒　娘　浪　信　軼　信
花　隻　妾　暏　娘　招　固　瞳　尢　簡
捅　蘿　稛　泊　鞹　玉　果　㐌　媄　覺
香　離　羈　鄰　菩　底　貝　閉　尢　淵
態　棱　眉　羅　提　婁　娘　歎　吒　移

3000　　　　2990

刧　喍　惆　恍　草　迊　臨　法　尢　森
黐　尋　帀　恍　庵　蹺　淄　師　羅　舼
和　隓　吏　娘　姤　碎　睸　吪　媕　計
㑺　仍　過　拱　拱　㐌　糱　世　肆　戶
劫　料　惆　汝　斯　迌　錢　事　尢　逌
尢　澄　尢　茄　棋　饒　塘　兊　羅　唑
罕　諾　女　坤　搕　逴　睸　邐　媕　嗨
催　遾　庄　虧　賒　術　黐　羕　妯　杳

3015　3005

亶 淡 想 仁 懇 覺 舩 披 挮 陰
糵 珠 悲 媕 貼 緣 孤 華 饒 陽
幣 嘯 睈 方 覩 蓮 曉 柏 褃 堆
檜 唲 羅 長 稇 嗜 繗 鴣 謝 我
招 港 包 和 泼 噲 江 尋 覺 戝
命 袍 睈 仁 茄 娘 津 移 緣 末

3020　3010

哭 惆 燔 怒 椿 房 塊 情 夻 堘
嘆 惆 煉 扒 糵 中 棱 深 行 塵
命 慱 鸜 金 群 倍 華 隨 泼 麿
計 慱 相 姉 跬 遣 㠪 喚 屢 吏
事 製 群 羅 亶 蓮 細 孤 曉 覺
命 包 疑 猷 糵 鑛 墻 疑 連 猷
頭 羅 占 時 群 跳 佚 絆 泼 九
罐 情 包 初 鮮 羅 堂 分 欺 源

3035　3025

悉　3040　3030

3055　　　　3045

睴 庋 沛 翁 重 揆 事 味 匜 特
唑 生 調 浪 生 揚 荒 禪 宠 勵
娘 洳 求 彼 恩 帀 匜 匜 命 再
匜 德 伕 此 礦 固 燃 爕 補 世
朝 高 求 一 瀏 哈 焰 埒 庵 相
悉 鴼 仙 時 丕 之 悉 荼 遝 逢

3060　　　　3050

啫 立 情 修 悉 匜 群 年 歲 渴
師 庵 箕 行 帀 硋 禪 尨 滈 滈
啫 未 孝 時 女 修 匎 唉 改 匜
景 仕 怒 拱 撼 律 淮 黙 貝 安
調 逴 埃 沛 義 戈 堷 匜 骷 脳
共 柴 填 欺 馱 時 紅 於 核 悉
羉 於 朱 從 羉 時 濫 槐 拱 敷
挊 終 低 權 挊 催 之 標 皮 啟

3055 3065

3080 3070

妾 竔 疑 娘 緣 酉 汶 払 吶 汶
自 貞 浪 浪 箕 浪 唾 浪 強 唾
遇 登 䡾 家 固 物 㐌 吶 虎 雖
變 價 事 室 員 對 倅 拱 惜 固
旦 彥 媼 緣 之 䏁 深 邏 聶 約
睒 鑛 軼 諧 命 移 交 裝 朝 初

蜂 燼 花 拙 廳 死 帶 酉 時 察
戈 花 資 悉 算 生 �739 悉 朱 命
蚊 搊 封 恩 支 拱 固 箕 阮 燼
吏 憶 益 愛 梗 竔 坦 丕 諾 臉
㐌 貝 妄 埃 鍾 祕 蓮 群 水 油
乘 払 輪 埃 情 唾 高 唾 潮 湄
醜 枚 吟 拱 濫 死 固 氏 沚 㐌
車 初 翅 悉 台 生 丕 牢 吹 遨

3115   3105

固 初 扨 吶 扙 自 皀 擬 群 閑
欺 燈 浪 之 油 屌 咍 命 之 逆
變 鬭 窖 結 擬 怯 扙 摳 羅 臉
固 道 吶 邊 典 闗 礦 虎 正 匜
欺 彈 鹼 車 斯 房 爲 命 紅 湄
常 妣 哩 絲 賒 秋 情 牟 顏 沙

3120   3110

固 字 麻 皀 宄 摳 鑾 敢 皀 余
權 貞 冲 惌 情 修 花 宄 衝 腠
帚 箕 理 智 琴 時 畑 塵 身 拱
沛 拱 沛 睟 瑟 拱 摳 垢 世 缺
汶 固 固 麻 對 羅 澼 預 群 余
塘 巴 臾 泇 羅 修 命 飯 算 花
執 黜 固 智 琴 買 繫 布 浚 拱
經 羕 些 麦 棋 羅 咟 荆 帚 殘

3135　　3125

仍 洞 其 茹 歇 暄 固 花 丕 如
自 房 饒 皮 咥 扒 調 殘 群 娘
蓮 迢 交 襖 坤 吶 之 麻 底 祕
斥 送 襖 席 理 色 女 吏 固 孝
桃 噉 汉 團 咥 歇 麻 添 歆 溫
疎 琄 茹 圓 咥 調 疑 鮮 无 貞

3140　　3130

迕 氷 禮 花 蹭 仁 客 胺 散 蓓
森 傾 它 爐 頭 親 戈 殘 霜 市
輔 緣 觀 院 娘 時 塘 麻 別 朱
買 買 禮 爐 仍 拱 底 吏 訴 濁
悲 吟 堆 紅 斡 決 唄 欣 盎 特
賒 嘵 羅 杆 賤 蹺 呵 迕 邐 命
羅 情 觀 幅 咀 沒 扒 森 艸 氏
低 初 堆 纙 嘆 排 羊 初 丕 爲

3155　3145

臥 拱 吏 仍 傾 擬 娘 情 更 情
腰 � 如 如 悉 扑 浪 人 房 緣
些 擤 仍 歐 色 義 分 吏 幅 氏
醜 辱 腿 厭 惜 寠 妾 逐 錦 合
貝 排 臥 綏 鬱 情 色 情 愉 散
臥 路 些 外 台 記 停 人 繰 尤

3160　3150

腰 群 邀 群 拱 朝 固 花 帶 悲
饒 情 香 算 它 悉 濫 初 畑 勸
時 兌 帶 闌 栖 噲 之 蜂 燦 傘
吏 女 坦 栖 憚 固 女 驪 義 浚
平 麻 披 貝 眉 唱 正 傘 騙 朓
進 譽 花 臥 髶 隨 命 分 桃 尤
賀 帝 鑰 朱 苦 𪎊 補 重 漆 腠
饒 催 務 戈 槐 枚 扬 情 春 高

2175   3166

埃 閉 絧 園 傷 怵 扒 群 挦 闌
弓 数 冲 春 饒 臥 浪 趬 貞 茄
吏 湍 極 絲 生 流 哏 恩 群 油
合 灣 拙 椰 死 落 咘 愛 汶 併
汶 摸 褙 群 也 閒 汶 滇 拙 術
茹 針 塵 樺 料 数 哐 滇 尥 魏

3180   3270

路 羅 汶 議 迻 想 俸 咍 極 時
羅 趬 哐 渚 饒 誓 空 之 拎 群
禎 鐄 決 渚 群 説 魟 園 朱 媵
襘 硈 空 脱 少 礦 渚 瓦 洗 姤
買 沛 閦 塊 閉 仍 鮎 花 吏 路
羅 尋 分 鐛 饒 劢 歪 殘 踏 求
瑟 腠 敬 愛 羅 疸 唱 麻 朱 姉
琴 花 添 恩 情 饒 饒 制 散 低

3195　　　　　　　3185

泛　唼　娘　情　漆　脱　道　伞　身　暄
彈　囃　浪　初　濃　催　雯　哐　殘　哐
趄　時　為　來　架　牺　絿　心　沝　所
迷　吏　伞　潮　洡　吏　縼　胆　濁　襖
牺　佢　塘　坤　香　扮　少　胇　恢　摂
仙　未　絲　竿　甌　牺　之　肚　冲　籫

3200　　　　　　　3190

俸　你　洮　從　共　強　磊　相　羅　叩
沉　悲　馱　容　饒　腰　醉　知　伽　頭
高　馱　朱　吏　吏　為　名　義　君　襦
濕　髗　典　晦　祝　湟　節　氏　子　謝
嘗　哪　悲　阮　噉　強　拱　買　恪　高
弦　哐　賒　彈　瓊　醒　術　羅　悲　深
斯　沃　買　腸　交　為　胅　相　馱　彥
賒　番　催　初　歡　情　尨　知　些　重

3215　　　　　　　　3205

情　傳　汶　娘　傷　扒　律　沖　曲　曲
槙　路　番　浪　惬　浪　聰　牢　攬　牢
扒　渚　知　為　黜　譜　朣　珠　淹　淡
吏　洴　巳　独　在　意　逐　泧　愛　蔭
吶　還　共　哈　悉　西　舤　溋　春　陽
崇　絲　饒　制　兂　市　宮　涓　情　和

3220　　　　　　　　3210

汶　鵑　卷　斷　哈　初　嗜　蔭　氏　氏
茹　它　綀　腸　羅　市　牢　魂　羅　羅
埃　嘅　自　嗜　苦　愁　羅　屬　蝴　蝴
拱　創　帝　氏　盡　惨　極　王　帝　蝶
邏　丕　術　害　旦　埃　惱　藍　哈　哈
透　皮　黏　猒　睦　啊　儂　田　命　羅
嗜　爛　拱　閒　甘　惬　叫　買　杜　莊
啊　東　除　数　來　圍　嗃　冬　鵑　生

3235　3225

承 沒 礦 師 旦　恢 臨　欺 台 朱
家 茹 為 它 時　唑 生　戰 情 哈
極 福 所 梅 棟 立 佢 醋 院 淑
歇 綠 義 欒 闌 沒 菲 欺 尾 女
娘 鎌 初 方 揆 庵 迋 局 和 志
雲 台 麴 賒 杆 還 願 棋 台 高

3240　3230

沒 千 蓮 還 蒹 差 綠 欺 極 沛
核 年 庵 憩 企 歇 堆 祜 甌 歇
樛 弋 據 鶴 蓮 親 培 花 禎 贔
木 弋 忡 另 額 戚 拱 姜 繪 檬
沒 官 香 別 鈷 逴 羅 欺 拱 最
壙 皆 油 羅 蓮 柴 綠 徐 外 桃
桂 客 歆 尋 價 覺 伴 腰 琴 如
槐 客 枚 兊 茹 緣 排 蓮 詩 埃

金雲翹傳卷完

3255

3245

3250

LES POËMES DE L'ANNAM

金 雲 翹 新 傳

TÂN TRUYỆN

PUBLIÉ ET TRADUIT POUR LA PREMIÈRE FOIS

PAR

ABEL DES MICHELS

PROFESSEUR A L'ÉCOLE DES LANGUES ORIENTALES VIVANTES.

TOME II, 2e PARTIE

TEXTE EN CARACTÈRES FIGURATIFS

PARIS

ERNEST LEROUX, ÉDITEUR

LIBRAIRE DE LA SOCIÉTÉ ASIATIQUE

DE L'ÉCOLE DES LANGUES ORIENTALES VIVANTES, ETC.

28, RUE BONAPARTE 28,

1884.